Jens Jessen (Hg.)

Fegefeuer des Marktes

Die Zukunft des Kapitalismus

Pantheon

Die Beiträge dieses Bandes wurden
in der ZEIT erstveröffentlicht.

Inhaltsverzeichnis

Einleitung

Die Zukunft des Kapitalismus

Es herrscht Unruhe im Land. Deutsche Politiker üben wieder Kapitalismuskritik, Soziologen sprechen von der Wiederkehr der Klassengesellschaft. Andere fürchten eine schleichende Krise von Demokratie und Kultur.

Deutschland erlebt derzeit die einschneidendste Sozialreform der Nachkriegszeit. Abstiegsängste reichen bis weit in die Mittelschicht. Doch obwohl manche Reformen sinnvoll erscheinen, lässt ihr Erfolg auf sich warten. Die Gewinne internationaler Konzerne steigen, aber der versprochene Zuwachs an Arbeitsplätzen bleibt aus. Nationale Regierungen machen derzeit vor allem eine Erfahrung: die Erfahrung ihrer Ohnmacht.

Doch was folgt daraus für die Gesellschaft? Ist der Kapitalismus, der als strahlender Sieger aus dem Kampf gegen den Kommunismus hervorging, nun unser Schicksal? Entzieht er sich für alle Zeit jeglichen Regeln und spielt mit den Nationalstaaten Katz und Maus? Ist die Ökonomie eine »fünfte Gewalt«, die die

Nationalstaaten in einen ruinösen Steuersenkungswettbewerb treibt – so lange, bis am Ende kein Geld mehr für staatliche Einrichtungen übrig bleibt? Vor zehn Jahren forderte die ZEIT-Herausgeberin Marion Gräfin Dönhoff: »Zivilisiert den Kapitalismus!« Sie warnte vor Raffgier und der totalen Ökonomisierung unserer Gesellschaft.

Das Feuilleton der ZEIT hat international bekannte Schriftsteller, Soziologen und Philosophen gebeten, ihre Sicht der Dinge zu formulieren. Stimmt die Krisenbeschreibung überhaupt? Oder handelt es sich um eine typisch europäische Wahrnehmung?

Und wenn nicht: Wie ist es um die Zukunft des Kapitalismus bestellt? Was erwartet den Bürger in einem hoch effizienten Wirtschaftssystem, das durch rasche Rationalisierung scheinbar immer mehr Arbeit überflüssig macht? Und weiter: Was bedeutet die Macht des Geldes kulturell? Bedroht es uns mit der Ökonomisierung unserer Bild- und Vorstellungswelten – gefährdet der Kapitalismus also seine kulturellen Voraussetzungen? Oder ist er für andere Teile der Welt immer noch ein leuchtendes Versprechen auf Freiheit, Wachstum und Wohlstand?

Charles Taylor

Kapitalismus ist unser faustischer Pakt

Ohne wirtschaftliche Entwicklung können wir nicht leben. Aber gleichzeitig droht die entfesselte Ökonomie, unsere ökologischen und kulturellen Grundlagen zu zerstören.

Die entscheidende Einsicht hatte Karl Marx bereits in den 1840er Jahren. Er sah, dass der Kapitalismus die innovativste und kreativste Wirtschaftsordnung der Menschheitsgeschichte ist und zugleich auch die zerstörerischste. Marx erkannte, dass der Kapitalismus einerseits zu ungeahnten ökonomischen Leistungen führt und andererseits dazu neigt, jede Gesellschaft, in der er sich entwickelt hat, unaufhaltsam zu untergraben und aufzulösen.

Marx hätte es bei dieser Einsicht belassen sollen. Stattdessen erlag er der großen, wiederkehrenden Versuchung einer Zivilisation, die ihre Entstehung der christlich geprägten westlichen Welt verdankt: Er verfiel der utopischen Hoffnung, alles Gute könne in einer einzigen harmonischen Gesellschaftsordnung vereinigt werden.

Bekanntlich bestand diese Utopie in der Abschaffung des Kapitalismus, dessen Dynamik Marx allerdings in einer unablässig kreativen und produktiven kommunistischen Ordnung beibehalten wollte. Heute hingegen tauchen dieselben Illusionen am anderen Ende des politischen Spektrums auf, nämlich bei unseren triumphierenden Neoliberalen. Sie verteidigen die Freiheit des Marktes und glauben, diese sei die einzige und perfekte Lösung sämtlicher Probleme.

Die ursprüngliche Einsicht von Marx meinte aber etwas anderes, und vielleicht könnte man sie mit dem Bild von der heillos zerstrittenen Ehe beschreiben:

Ohne den Kapitalismus können wir nicht leben (denn marktförmige Beziehungen durchdringen die Gesellschaft auf vielen Ebenen), aber mit ihm können wir es kaum aushalten. Der Drang, soziale Kosten erfolgreich abzuwälzen, macht den eigentlichen Wesenskern des Kapitalismus aus. Seine Nebenwirkungen werden als »externe Effekte« ausgegeben oder zum Problem von jemand anders erklärt. Die Abwälzung von Kosten – Umweltverschmutzung, Verfall sozialer Bindungen durch unsichere Beschäftigungsverhältnisse oder Niedriglöhne und so weiter – erhöht die Profite. Dieses Verfahren ist für den Kapitalismus unwiderstehlich, jedenfalls solange es keine wirksame Abschreckung gibt.

Mit einem Wort: Kapitalistische Gesellschaften sind der Schauplatz eines andauernden Dilemmas. Wie kontrolliert man Unternehmen, um die schlimmsten sozialen und ökologischen Folgen zu verhindern, ohne gleichzeitig ihre Abwanderung zu provozieren oder das Wachstum zu schwächen? Ständig sind Regierungen gezwungen, die notwendige Kontrolle des Kapitals gegen die Gefahren der Standortverschlechterung abzuwägen. Dafür gibt es keine harmonischen Lösungen, sondern nur instabile, Schaden begrenzende Kompromisse.

Und natürlich hängen die möglichen Kompromisse vom globalen Wettbewerb ab. Die besten Lösungen für dieses Dilemma sind deshalb internationale Lösungen, wodurch sich die genannten Schwierigkeiten allerdings um ein Vielfaches vergrößern.

Besonders drastisch zeigt sich das dort, wo ökologische Fragen berührt werden. Der Kapitalismus gefährdet nicht nur die Gesundheit und das Wohl derer, die im Zuge der Globalisierung ausgegrenzt werden und die dann als Masse der Marginalisierten möglicherweise den Nährboden terroristischer Gewalt bilden. Der Kapitalismus kann auch zu irreversiblen Umweltkatastrophen führen. Jeder weiß, dass die einzige Hoffnung, beispielsweise in Bezug auf Treibhausgase, in der globalen Zusammenarbeit der Nationen liegt. Doch der mächtigste Großverschmutzer der Welt, die USA, hat sich aus dem Prozess verabschiedet. Kurzum, das Dilemma des Kapitalismus könnte uns durchaus noch umbringen.

Eines der größten Hindernisse auf unserem Weg verdankt sich der bereits erwähnten utopischen Illusion. Der Kapitalismus selbst kann niemals die Grundlage einer Ethik bilden, geschweige denn einer Religion. Zwar lässt er sich als Ausdruck eines starken Wertes wie »Freiheit« oder »Wahlfreiheit« deuten, aber mit dieser Deutung verlieren wir seine dilemmatische Natur aus dem Blick. Plötzlich erscheint uns der Kapitalismus als Retter in der Not, gar als Erlöser, der uns von allen Sorgen befreit. Diese Illusion hält derzeit die herrschenden Kreise in den USA fest in ihrem Griff.

Am anderen Ende der Welt glaubt die Herrscherriege Chinas, eine sklerotische und zunehmend korrupte exkommunistische Elite sei in der Lage, die dilemmatischen Zwänge einer außer Kontrolle geratenen kapitalistischen Revolution bewältigen zu können. Noch andere, unter ihnen einige Globalisierungsgegner, erliegen wieder einmal der marxistischen Versuchung und glauben, die Ursache des Dilemmas ließe sich einfach beseitigen.

Viele seiner Illusionen erzeugt der Konsumkapitalismus allerdings selbst. Der Wettbewerb, Waren und Dienstleistungen zu verkaufen, hat sich seit langem und vielleicht unumkehrbar in einen Wettbewerb verwandelt, in dem es um den Verkauf von attraktiven Lebensanschauungen geht – um Bilder von Glück, Freiheit und Schönheit, mit denen die Menschen aufgefordert werden, sich den Eintritt in Stilsphären »zu erkaufen«, wenn sie Haarwaschmittel, Sportschuhe oder einen Geländewagen erwerben. Markennamen sind mit bestimmten Einstellungen und Lebensweisen, einem Gefühl von Kraft und Unverwundbarkeit oder von Freiheit und Kreativität verbunden.

All das erzeugt schließlich eine neue kulturelle Kraft, die kein einfacher, ebenbürtiger Gegenspieler von Ethik und Religion ist, sondern die sich in ganz neuartiger Weise von beiden löst. Diese Kraft resultiert daraus, dass das Leben in einem zunehmend internationalen Raum gegenseitiger Zurschaustellung stattfindet. Sie lässt den Halt lokaler und nationaler

Gemeinschaften erodieren und veranlasst junge Menschen dazu, sich anders in Ethik und Religion einzufügen, als es ihnen überliefert wurde.

Nicht nur das. Die Entwicklung der Konsumgesellschaft verbindet sich zunehmend mit einer Ethik der Authentizität, die im Westen immer mehr Raum greift. Unverkennbar hat sie die Tendenz, den Begriff von Authentizität und Selbstsein zu trivialisieren. Es geht hier nur noch um die zur Nachahmung medial verbreiteten Stile, während die Entdeckung substanzieller Lebensziele dahinter zurücktritt und verblasst.

So verwandelt sich die Ethik von »Freiheit« und »Individualismus«, die doch den Kapitalismus einmal rechtfertigen sollte, schleichend in eine Feier bloßer »Wahlfreiheit« als dem an sich Guten. Damit erweckt der Kapitalismus den Eindruck, als sei das Leben des Einzelnen nur deshalb schon erfüllter und glücklicher, weil seine Wahlmöglichkeiten zahlreicher werden – mögen auch die Unterschiede zwischen den Alternativen banal sein.

Manche hatten schon befürchtet, der Kapitalismus werde uns, lange bevor wir in den durch die Erderwärmung steigenden Meeresspiegeln ertrinken, rettungslos verblöden lassen (so Huxley in *Schöne neue Welt)*. Ich selbst glaube, dass Menschen klüger und widerstandsfähiger sind und den Kontakt zu den tieferen Bedeutungen des Lebens nicht ganz und gar verlieren.

Nicht zu übersehen ist allerdings, dass der kulturelle Bereich Schauplatz von Widersprüchen ist, die der Kapitalismus allesamt selbst erzeugt. So ist der Kapitalismus vielleicht unser faustischer Pakt, wie Goethe es am Ende von *Faust II* selbst anzudeuten scheint. Faust erscheint darin als titanenhafter Bauunternehmer, und das alte Paar Philemon und Baucis nimmt sich aus wie Geopferte und Marginalisierte. Wir versuchen, der Ökonomie und der wirtschaftlichen Entwicklung durch vorauseilende Bejahung zu entkommen; wir wollen schneller sein als »der Geist, der stets verneint«. Dabei entgeht uns, dass gerade die unablässige Bejahung des ökonomischen Fortschritts vielleicht die verheerendste Verneinung von allen ist.

Aus dem Englischen von KARIN WÖRDEMANN

Amitav Ghosh

Das Leben in Amerika ist angenehm. Aber kein Modell für alle

Die Welt hat ein gemeinsames Schicksal. Sie muss es sich zurückerobern, denn sonst droht das Reich der Begierde und des Verlangens unseren Planeten aufzufressen.

»Ich finde, sie wäre eine gute Idee«, hat Mahatma Gandhi bekanntlich auf die Frage geantwortet, was er von westlicher Zivilisation halte. Dasselbe hätte er auch über den Kapitalismus sagen können. Mit den Augen des Ostens betrachtet, war der Kapitalismus, verstanden als »unsichtbare Hand« des Marktes, nie mehr als eine Fiktion. Er galt als eine Maskerade, hinter der sich Imperien und Imperialismus verbargen.

Es ist merkwürdig, dass der Fall der Berliner Mauer weithin noch immer als Bestätigung des »Kapitalismus« verstanden wird. Denn in Wahrheit deuten die weltweiten Erfahrungen der vergangenen 15 Jahre viel eher darauf hin, dass ungebremster Kapitalismus unweigerlich imperiale Kriege und die Expansion von Imperien auslöst. Müsste nicht vielmehr die nahezu unbestrittene Herrschaft eines einzigen Systems in der Tat eine Epoche des universellen Friedens herbeiführen? Oder doch zumindest eine Ära, in der große Übereinstimung über die geeigneten Mittel zur Gewährleistung von Frieden herrscht?

Was wir erleben, ist das genaue Gegenteil. Wir befinden uns in einer Periode außergewöhnlicher Instabilität und Angst, konfrontiert mit der Aussicht auf eine ständige Ausbreitung nur notdürftig getarnter Kolonialkriege. Tatsächlich herrscht heute weniger Einigkeit über die geeigneten Mittel zur Wahrung und Schaffung von Frieden als zur Zeit der Gründung der Vereinten Nationen.

Besonders in der angelsächsisch-amerikanischen Welt werden Kapitalismus und Imperium heute wieder als zusammengehörig betrachtet – als ein einziges Gesamtpaket, das sich von der alten »zivilisatorischen Mission« kaum unterscheidet.

Nun war ich nicht dabei, als in den vergangenen Jahrhunderten dieses Produkt auf den Markt gebracht wurde. Deshalb fange ich gerade erst an zu begreifen, wie groß die Attraktivität ist, die es besonders für die Einfältigen und Wohlmeinenden besitzt. Im Jahr 2003, kurz vor dem Ausbruch des Irak-Krieges, beschrieb ein bedeutender New Yorker Chefredakteur – ein Mann von großer Erfahrung und gemeinhin liberalen Ansichten – mir gegenüber den Unterschied zwischen den Vereinigten Staaten der Gegenwart und den Imperien der Vergangenheit. Die Differenz bestehe darin, dass die Vereinigten Staaten, anders als die früheren Großmächte, nicht hauptsächlich im eigenen Interesse handelten.

Ich hielt dem Chefredakteur entgegen, er sei ungerecht: nicht gegenüber den Vereinigten Staaten, sondern gegenüber den großen Mächten von einst. Denn dass Imperien häufig edle Ideale verfolgen, ist eine Tatsache – das Problem liegt aber in den Methoden, die sie dabei anwenden und die regelmäßig die behaupteten Ziele und Zwecke untergraben. Warum? Weil der Prozess des Eroberns, des Besetzens und der Ausübung von Herrschaft Wirklichkeiten erschafft, die dann als

Alibis verwendet werden, um die Verwirklichung der hehren Ideale immer weiter zu vertagen.

So vertraten einige Jakobiner die Auffassung, dass die Sklaverei in den französischen Kolonien notwendig sei. Ganz in diesem Sinne verwaltete John Stuart Mill, Autor des Buches *Über die Freiheit,* Hunderte von Millionen eroberter Inder. Und ganz in diesem Sinne wird immer wieder behauptet, Folter sei durchaus mit dem Versprechen künftiger Freiheit vereinbar.

Nichts davon ist neu: Freiheit ist ein altes imperiales Versprechen. Bereits die spanischen Eroberer des 16. Jahrhunderts bedrängen die Eingeborenen von Amerika, die neue Ordnung freiwillig hinzunehmen. Täten sie es nicht, »werden wir machtvoll in euer Land einfallen und Krieg gegen euch führen ... wir werden euch, eure Frauen und eure Kinder gefangen nehmen und versklaven ... und wir erklären, dass die Todesfälle und Verluste, die dies dann mit sich bringen wird, eure eigene Schuld sind.«

Im Übrigen sollten wir niemals vergessen, dass der transatlantische Sklavenhandel – vermutlich die Urform des spekulativen Kapitalismus überhaupt – lange Zeit damit gerechtfertigt wurde, dass er den Afrikanern die Freiheit bringe, weil er sie aus den tyrannischen Verhältnissen ihres Heimatkontinents »heraushole«.

Auch heute noch wird das Paket aus Kapitalismus und Imperium durch dieses Doublethink zusammengehalten. So argumentieren die Ideologen der Globalisierung oft, die Marktwirtschaft werde den Lebensstandard der heute entwickelten Ökonomien weltweit verbreiten. Sie versprechen den Menschen, der Kapitalismus werde der ganzen Welt den amerikanischen Traum zugänglich machen – sofern dieser sich nur ganz entfalten dürfe.

Das ist eine interessante Idee, die wir einmal zu Ende denken sollten. Führen wir uns die Folgen dieser kapitalistischen Entfaltung einen Augenblick lang im Detail vor Augen. Denken wir zum Beispiel an die Familien, die zwei Autos besitzen. Wie viele Autos würde das für Indien bedeuten? 400 Millionen vielleicht? Was wäre, wenn noch 400 Millionen Autos in China hinzukämen? Und weitere 300 Millionen in anderen benachbarten Ländern?

Weiten wir die Analogie aus um ähnliche Zahlen für den Verbrauch von Reinigungsmitteln, Pestiziden und anderen Chemikalien. Fragen wir uns doch einmal, was mit diesem Planeten tatsächlich geschehen würde, wenn Indien und China die Muster des westlichen Konsums übernähmen. Glücklicherweise brauchen wir uns vor dieser Aussicht nicht lange zu ängstigen. Wie wir im Grunde unseres Herzens wissen, besteht nicht die geringste Möglichkeit dafür, dass es so weit kommt. Die Wahrheit ist: Die maßgeblichen Kräfte würden nämlich mit Macht einschreiten, um dies zu verhindern – um das kollektive Überleben zu sichern.

Es ist klar, dass die Drapierung der amerikanischen Wirtschaft als Modell für die Welt nicht mehr ist als ein gut getarnter Scherz. Nicht etwa, weil das Leben in Amerika nicht einträglich oder angenehm wäre. Sondern weil die Welt an der universellen Verwirklichung dieses Modells ersticken würde.

Es gehört nicht viel dazu, dies zu erkennen. Wir können sicher sein, dass den Propagandisten, die uns das Paket aus Kapitalismus und Imperium verkaufen wollen, eines klar ist: Ihr Produkt wird auf ein zweistufiges System hinauslaufen. Es ist gut möglich, dass sich der Lebensstandard in Indien und China beträchtlich verbessern wird, aber er kann nie derselbe sein wie jener des Westens.

Vorläufig erfreuen sich die Asiaten am relativen Anstieg ihres Lebensstandards – gewiss eine große Verbesserung im Vergleich zu den Bedingungen, die noch während des 20. Jahrhunderts herrschten. Aber es gab eine Zeit vor dem 18. Jahrhundert, als der größte Teil des Welthandels von China, Indien und Südostasien ausging. Was wäre wohl, wenn es wieder so käme? Unwahrscheinlich ist das nicht. Würden die Asiaten dann trotzdem weiterhin ein System dauernder Ungleichheit hinnehmen?

Tatsächlich kommt es nicht darauf an, ob sie dies hinnähmen oder nicht, denn so oder so wird dieses zweistufige System zu permanenten Konflikten führen. Und zwar deshalb, weil bereits die schiere Existenz jener Kluft einen Affront darstellen wird, erst recht angesichts der vereinheitlichenden Impulse, die vom Imperium ausgehen. Diejenigen, die losmarschieren, um der Welt ihr Abbild aufzudrücken, werden nicht zufrieden sein mit einem minderwertigen Porträt. Die fehlerhafte Wiedergabe ihrer selbst wird sie dazu ermuntern, die angefertigte Kopie zu zerreißen und noch einmal von vorne anzufangen. Und da keine Kopie jemals so gut sein kann wie das Original, wird sich dieser Vorgang immer neu wiederholen.

Mit anderen Worten: Die Verbindung aus Kapitalismus und Imperium bedeutet ein Programm des permanenten Krieges – jener Vorstellung, an der sich einst die Trotzkisten berauschten und die sich nun jene Neokonservativen aufs Neue zu Eigen machen, die das »Projekt für das neue amerikanische Jahrhundert« ersonnen haben.

Innerhalb dieses düsteren Szenarios finden sich viele Lichtpunkte. Einige von ihnen hat ironischerweise der Krieg im Irak ausgelöst. Während sich dieser Konflikt anbahnte, entdeckten nämlich die meisten Europäer – zum ersten Mal in einem Jahrtausend –, wie sich die Welt aus der Sicht von Kolonisierten ausnimmt, und das ist keine Perspektive, die man ganz leicht wieder vergisst. Gleichzeitig zeichneten sich auch innerhalb des angelsächsisch-amerikanischen Bündnisses, welches das jahrhundertealte imperiale Projekt von Europa übernommen hat, ermutigende Anzeichen von

Nonkonformismus ab. Es war historisch beispiellos, wie Kanada und Neuseeland abweichende Haltungen einnahmen.

Aber der hellste aller Lichtpunkte ist heute Europa selbst, in seiner neuen Gestalt als Europäische Union. Es ist ein Lichtpunkt, weil es auf der Anwendung der zwangsläufig langsamen und zögerlichen Methoden des Friedens und der Verhandlung beharrt. Europa hat sich von den gefährlich verlockenden Teleologien des vergangenen Jahrhunderts abgewandt. Es zeigt der Welt, was durch die Konzentration auf Mittel statt auf Endzwecke erreicht werden kann. Nur auf diese Weise kann die Welt ihr gemeinsames Schicksal zurückerobern – aus den Fängen der neuen Advokaten des Imperialismus, aber auch von den Imperien der Begierde und des Verlangens, die unseren Planeten aufzufressen drohen.

Aus dem Englischen von TOBIAS DÜRR

Ludger Lütkehaus

Wir haben genug. Wir brauchen nichts mehr

Leben an der Ekelgrenze – die Krise der Marktwirtschaft resultiert aus dem Überfluss, nicht aus dem Mangel.

Als Jean-Paul Sartre 1939 den *Ekel* (*La Nausée*) von einer neurotischen Abwehrreaktion in den Rang einer philosophischen Negation, eines bis zum Erbrechen angewiderten Weltverhältnisses erhob, da konnte er noch nicht wissen, dass er die Grundsituation des fortgeschrittenen Kapitalismus porträtiert hatte: Das »Zuviel« (de trop) ist der Inbegriff des Ekels vor der an Überflüssigem erstickenden durchkapitalisierten Welt. Von heute her kann man Sartres Roman als eine Art neuer »ökonomisch-philosophischer Pariser Manuskripte« lesen, Fortschreibung und zugleich Korrektur jener anderen Pariser Manuskripte, die den Kapitalismus als Gesellschaftsform der Verarmung, als Fesselung der Produktivkräfte, die künftige wahre politische Ökonomie als ihre Entfesselung missverstanden hatten.

Das »ZUVIEL«: Die Überflussgesellschaften der global kommerzialisierten Welt sind das Endprodukt jener zwanghaften Logik der Steigerung, der die kapitalistische Ökonomie unter allen Umständen folgt. Ihre Produktion terminiert stets in Überproduktion, der warenförmigen Überbevölkerung der Welt. Sie ist das Menetekel einer Wirtschaft, die nicht Halt machen kann. Die bekannten Absatzkrisen unterschiedlicher Branchen liefern jeweils nur das virulenteste Symptom.

Die technologischen Innovationen (die digitale Revolution, die Robotik) verstärken auf der Produzentenseite eine Überproduktivität der Arbeit, paradox gekoppelt mit einer Abnahme der Arbeitsmöglichkeiten, der keine Ausweitung, keine Expansion des Konsums mehr gewachsen ist. Grenzenlosen Steigerungsmöglichkeiten dort stehen nur bedingt verschiebbare Begrenzungen hier entgegen. Die Balance von Angebot und Nachfrage oder gar wirklichem Bedarf hingegen ist die Utopie einer »naturgemäßen« Wirtschaft, die mit der kapitalistischen keinerlei Ähnlichkeit hat.

Die allzu harmlose Metapher einer »Sättigung der Märkte« drückt die reale Diskrepanz nur unzureichend aus: Übersättigung ist das Konsumäquivalent der Überproduktion. Wie soll unter fortgeschrittenen Saturierungsbedingungen genügend Nachfrage erzeugt werden, wenn die menschlichen Bedürfnisse trotz der Beschwörung der faustischen Natur des Konsumenten, der Unendlichkeit seiner Wünsche und Begierden, stets limitiert und relativ wenige sind? Wenn die Bulimie des Kommerzes und die drohende Anorexie des Konsums hoffnungslos auseinander klaffen?

Anders als in vergangenen bürgerlichen Gesellschaften, die noch die innerweltliche Askese als Bildungschance für das Real- und Tugendkapital schätzten, werden die Konsumenten derzeit gerne für ihre »geizig« genannte Verweigerungshaltung gescholten. Aber noch der pflichtbewussteste, heroischste Konsument kann nur so lange essen, bis er sich erbricht. Ihr, die ihr für ihn zu produzieren vorgebt, lasst alle Hoffnung fahren. Das desperate Bewusstsein, dass niemand mehr braucht und will, was sich ihm mit allen Mitteln aufdrängt, liegt wie das Urteil innerweltlicher Verdammnis auf der Welt des Zuviel.

Noch gibt es mildernde Umstände und Hilfskonstruktionen. Die Schaffung neuer (asiatischer, drittweltlicher) Märkte schafft neue Möglichkeiten der

Entsorgung tendenziell überflüssiger Produktion. Die Ladenhüter der überentwickelten Welt sind noch die Verkaufsrenner der unterentwickelten. Doch das vertagt und verschiebt das Problem nicht nur – es forciert es. Denn die Abnehmerländer von heute sind die Überproduzenten von morgen. Nach den Gesetzen einer *nemesis oeconomica* überschwemmt eine Sintflut massenhafter Billigprodukte die ohnehin schon saturierte Welt.

Gründlichere Formen der Entsorgung des Zuviel sind unter diesen Umständen gefragt. Die EU-subventionierte Agrarindustrie ist ihre Avantgarde. Mit der unmittelbaren Produktvernichtung überspringt sie gleich das prinzipiell überflüssige Stadium des Konsums von Überflüssigem. Ohne das Ritardando irgendeines Gebrauchs und Nutzens wandert die Ware unverzüglich auf jene Müllhalden, die die Friedhöfe des Zuviel sind.

Der technische Fortschritt, die unablässigen Innovationen sind freilich die gesellschaftlich anerkannteren, ökonomisch ergiebigeren Formen der Entsorgung des Zuviel. Im Widerspruch zu ihrem verheißungsvollen Namen sind sie – wie die Segnungen der Mode – Maßnahmen, die die Produkte veralten lassen sollen. Sie haben keinen anderen ökonomischen Sinn, als neue Nachfrage, die Nachfrage nach dem Neuen, das *per definitionem* das Bessere ist, zu produzieren. Denn nichts ist älter als die Ware von gestern. Und jedes noch in der Entwicklung befindliche Produkt von morgen sagt dem von heute, dass es von gestern ist. Aber die rasende Entwicklung von Produktionskapazitäten, die dem Fortschritt und der Innovation innewohnt, vervielfacht nur das Problem, das sie lösen soll. Denn auch von dem Noch-Besseren, Noch-Neueren gibt es stets zu viel.

Bleibt am Ende nur noch die allgegenwärtige Reklame, um die Überproduktionsgesellschaft vom Fluch des Zuviel zu befreien. War es früher ihre vergleichsweise schlichte Aufgabe, die Ware an den potenziellen Kunden zu bringen, so hat Reklame heute die Funktion, die riesige Lücke zwischen den inflationären Produkten und einem deflationären Konsum zu schließen. Sie ist die große Vermittlerin, sozusagen der ökonomische Engel der Erlösung, etwas weniger marktfromm gesagt: die neue große Hure Babylon, die alle mit allem verkuppelt.

Die Arbeitsweise der Reklame ist indirekt; dramaturgisch gesehen, intrigant: Das Überflüssige bringt sie dem Konsumenten dank anderer, noch vorhandener Basisbedürfnisse nah. Vor allem geht sie mit der menschlichen Triebnatur ins Bett. Mit den Literatur- und Medienagenturen sagt sie nicht nur: *sex sells,* sondern *sex sells everything.* Aber noch der potenteste Konsument kann nicht mit so vielen Waren schlafen, wie die Reklame für ihn anschleppt. *Et post consummationem omne animal triste:* Eben sie, die dem Zuviel der Produkte abzuhelfen bestimmt ist, beruht darauf, dass sie von den Dingen an sich, die sie verkauft, nichts hält. Verkäuflich werden diese erst im Stande ihrer warenästhetischen Erscheinung.

So ist die Reklame die verschwiegene Misstrauenserklärung an den Wert der Produkte, die sie anpreist. Jedes Product-Placement ist das Eingeständnis, dass niemand sie und die von ihr beworbenen Produkte eigentlich will, jede Reklamearena, jedes Studio ist Müllhalde und Leichenhalle des Überflüssigen zugleich. Und so fördert noch gerade die Reklame jenen Ekel vor dem Zuviel, dem die kapitalistische Produktion als zwanghafte Überproduktion immer mehr verfällt. Nach Sartres *La Nausée* buchstäblich *ad nauseam*, bis zum Erbrechen.

Richard Sennett

Die Angst, überflüssig zu sein

Zwang zur Anpassung: Warum der neue Kapitalismus unsere Freiheit nicht vermehrt hat

An der Neuen Linken, der ich in meiner Jugend angehörte, war vieles verrückt. Doch mit ihrem Gründungsdokument bewies die Bewegung vor fünfzig Jahren echte Weitsicht. Das *Port Huron Statement* sah nämlich voraus, dass der Staatssozialismus untergehen würde. Er werde von der Last der Bürokratie erdrückt und eines sozialen Todes sterben. Der Kapitalismus hingegen werde bleiben. Und damit auch das Problem. Damals hoffte die Neue Linke, das »stahlharte Gehäuse« (Max Weber) des starr durchorganisierten Kapitalismus werde sich von innen her auflösen. In der Tat, die aktuelle Geschichte erfüllt ihr diesen Wunsch auf eine perverse, wenn auch nicht ganz so radikale Weise, wie ich es in meiner Jugend erhofft hatte.

Der Grund liegt auf der Hand: Der alte soziale Kapitalismus erodiert. Unternehmen, die ihren Beschäftigten eine lebenslange Stellung sicherten, gehören der Vergangenheit an. Auch die Institutionen des Gesundheits- und Bildungswesens sind in ihrer Form nicht mehr so eindeutig festgelegt und deutlich kleiner als früher. Und Politiker verfolgen heute dasselbe Ziel wie die Radikalen von früher: die Zerschlagung starrer Bürokratien.

Doch dieser Wandel, vor allem die Fragmentierung der Großinstitutionen, bedeutet für viele Menschen eine Fragmentierung ihres Lebens. Ihr Arbeitsplatz ähnelt eher einem Bahnhof als einem Dorf. Die neuen Anforderungen an ihre Arbeit haben eine Desorientierung des Familienlebens mit sich gebracht. Auch hat die Zerschlagung der Institutionen nicht zu mehr Gemeinschaft geführt. Im Übrigen sind die neuen Institutionen weder kleiner noch demokratischer; stattdessen kam es zu einer neuen Zentralisierung der Macht.

Früher waren multinationale Konzerne eng mit den Nationalstaaten verflochten; heute haben die weltweit agierenden Unternehmen Investoren und Anteilseigner in aller Welt. Die Besitzverhältnisse sind zu komplex, als dass sie sich den Interessen eines einzelnen Landes unterordnen ließen. Gewiss gibt es auch positive Entwicklungen. Es haben sich zum Beispiel neue Ich-Eigenschaften herausgebildet, die es dem Einzelnen ermöglichen, sich in dem flacher werdenden institutionellen Leben zurechtzufinden. Zudem wurde im vergangenen halben Jahrhundert ein unvergleichlicher Reichtum geschaffen, in Asien und Lateinamerika und in den Ländern des Nordens – ein Reichtum, der eng mit der Zerschlagung staatlicher Strukturen und bürokratischer Unternehmensverwaltungen zusammenhing. Es wäre unvernünftig, die Ansicht zu vertreten, diese wirtschaftliche Explosion hätte niemals stattfinden dürfen.

Dennoch fordert ein solches Wachstum einen hohen Preis, und zwar eine wachsende ökonomische Ungleichheit und zunehmende soziale Instabilität. Derzeit scheint der Kapitalismus mit dieser instabilen Energie völlig aufgeladen zu sein – und zwar wegen der globalen Ausbreitung der Produktion, der Märkte und der Finanzdienste. Zu dieser Instabilität gesellt sich die Ungleichheit. Sie ist die Achillesferse der modernen Ökonomie und erscheint in vielen Formen: als gewaltige Erhöhung der Bezüge für Topmanager; als

Verbreiterung der Einkommensunterschiede zwischen den Beschäftigen auf höheren und denen auf niedrigen betrieblichen Ebenen; als Stagnation der Einkommen der mittleren Schichten im Verhältnis zur Elite. Das Muster *»the winner takes it all«* erzeugt extreme materielle Ungleichheit. Und der wachsenden materiellen Ungleichheit entspricht wiederum eine wachsende soziale Ungleichheit.

Nun behaupten die Apostel des neuen Kapitalismus, ihre Version der drei Grundthemen – Arbeit, Qualifikation, Konsum – sorge für größere Freiheit in der Gesellschaft. Ich streite nicht mit ihnen über die Frage, ob ihre Version der Wirklichkeit entspricht. In der Tat, Institutionen, Qualifikationen und Konsummuster haben sich verändert. Ich behaupte vielmehr, dass diese Veränderungen den Menschen keine Freiheit gebracht haben. Warum? Weil die Menschen äußerst besorgt und beunruhigt sind im Hinblick auf ihr Schicksal unter den Bedingungen des »Wandels«. Was ihnen fehlt, ist ein mentaler und emotionaler Anker. Nachdem sich der alte, soziale Kapitalismus aufgelöst hat, erzeugen die neuen Institutionen nur ein geringes Maß an Loyalität und Vertrauen, dafür aber ein hohes Maß an Angst vor Nutzlosigkeit.

Die Menschen leiden darunter, dass fortschrittliche Institutionen mit ihrer kurzen, kaum greifbaren Zeitperspektive ihnen das Gefühl einer lebensgeschichtlichen Entwicklung und biografischen Einheit nehmen.

Denn ein bloß kurzfristig orientiertes Ich, das vergangene Erfahrungen bereitwillig aufgibt, ist – freundlich ausgedrückt – eine ungewöhnliche Sorte Mensch. Die meisten Menschen sind nicht von dieser Art. Sie brauchen eine durchgängige Biografie und legen Wert auf Erfahrungen, die sie in ihrem Leben gemacht haben.

Das vom gewandelten Kapitalismus erhobene Ideal dagegen verletzt viele der in diesem System lebenden Menschen. So gehört es zu den großen Ironien der New Economy, dass sie alte soziale und emotionale Ängste – die Furcht vor Abhängigkeit und die Sorgen um den Verlust der Selbstbestimmung – nur in eine neue Form gebracht hat.

Diese neue Unsicherheit ist keineswegs nur eine unerwünschte Folge der unsteten Märkte; sie ist in den neuen Kapitalismus einprogrammiert. Sie ist kein ungewolltes, sondern ein gewolltes Element.

Ohne Frage ist das Gespenst der Nutzlosigkeit eine große Herausforderung für den Sozialstaat. Doch seine Erfolgsbilanz auf diesem Gebiet ist nicht sonderlich überzeugend. Selbst in Ländern wie Großbritannien und Deutschland mit ihrem guten Bildungssystem erwies es sich als äußerst schwierig, die technisch bedingte Arbeitslosigkeit zu bekämpfen. Politiker verstanden nicht, wie grundlegend Automatisierung den Produktionsprozess verändert. Der Staat schreckte vor der gewaltigen Aufgabe zurück, diesen Wandlungsprozess abzufedern. Auch Gewerkschaften scheuten sich, dem Problem ins Auge zu sehen. Statt die künftige Arbeitswelt mitzugestalten, konzentrierten sie sich auf den Schutz der bestehenden.

Was kann der Staat für Menschen tun, die nicht mehr gebraucht werden? Wenn Reformer akzeptieren, dass Nützlichkeit ein öffentliches Gut darstellt, können sie etwas gegen die Angst der Menschen vor ihrer Überflüssigkeit unternehmen – gegen jene Angst, die von den dynamischsten Sektoren der Wirtschaft ausgelöst wird. Das gilt nicht nur für Politiker. Wir alle müssen nach Möglichkeiten suchen, damit Menschen als nützliche Mitglieder der Gesellschaft Anerkennung finden.

Bei meinen Forschungen habe ich versucht, so tief wie möglich in eine Lebensweise einzudringen, die immer oberflächlicher wird, in eine neue Kultur, welche die für eine handwerkliche Einstellung typische Mühe und Selbstverpflichtung ablehnt. Da Menschen nur dann Halt in ihrem Leben finden können, wenn sie versuchen, etwas um seiner selbst willen gut zu tun, scheint mir der Triumph der Oberflächlichkeit in Arbeit, Schule und Politik sehr zweifelhaft. Vielleicht wird die Revolte gegen diese entkräftete Kultur die nächste neue Seite der Geschichte sein, die wir aufschlagen müssen.

Aus dem Englischen von MICHAEL BISCHOFF

Eva Illouz

Berechnung und Hingabe

Der Kapitalismus hat einst die Trennung von Ökonomie und Leidenschaft ermöglicht. Darin lag seine Kreativität. Heute verschmelzen wieder Markt und Gefühl.

In seinen Memoiren berichtet Giacomo Casanova, wie er einmal einer Komtesse vorgestellt wird und sofort von ihrer Schönheit gefesselt ist. Am nächsten Tag sucht er die Dame zu Hause auf und wird in ein Wohnzimmer mit »vier wackeligen Stühlen und einem schmutzigen Tisch« geführt. Auch das Erscheinen der Komtesse macht den armseligen Anblick nicht besser, im Gegenteil. Casanova erschrickt über die Schäbigkeit ihres Negligés. Die Komtesse erklärt ihm, dass trotz seiner adligen Herkunft ihr Vater nur über ein kleines Salär verfüge und dieses mit neun Kindern teilen müsse. Casanovas Reaktion ist von keinerlei Gewissensbissen getrübt: »Ich war selbst nicht begütert, und da ich nach diesem Anblick nicht länger verliebt war, seufzte ich nur tief und blieb so kalt wie Eis.«

Casanova erweist sich als kaltblütige Buchhalterseele. Seine feurige Leidenschaft erlischt in dem Moment, da er die erbärmliche Lage der Dame erkennt – als sei es selbstverständlich, sind seine Gefühle von ökonomischen Interessen durchdrungen.

Anders als wir es heute vielleicht empfinden, war Casanovas Haltung damals alles andere als unmoralisch. Vielmehr gehörte es in der vorkapitalistischen Welt einfach zur Moral dazu, dass man das Objekt seiner Begierde in Ansehung seines gesellschaftlichen Standes wählte. Denn in einer Wirtschaft mit beschränktem Arbeitsmarkt und geringer Güterzirkulation waren Besitz und Erbe für den sozialen Status entscheidend. Besitz konnte man meistens nur durch entsprechende Heiraten sichern oder mehren. So war in der vorkapitalistischen Welt das Privatleben wirtschaftlichen Strategien, Zwecken und Zielen untergeordnet. Entscheidungen in Liebesdingen waren von wirtschaftlichen Erwägungen beeinflusst.

Ganz anders verhält es sich im Kapitalismus, denn er trennt die Gefühle vom wirtschaftlichen Kalkül ab. Möglich ist dies, weil er die Güterproduktion aus den Haushalten herauslöste, die Abhängigkeit der Menschen vom ererbten Besitz reduzierte und die Familie in eine emotionale – statt ökonomische – Einheit verwandelte. Dadurch erwies sich der Kapitalismus als die erste soziale Organisationsform, in der eine Liebesheirat völlig legitim war. Mehr noch, der Kapitalismus ließ eine Liebesheirat sogar als wünschenswert erscheinen, um die Souveränität der emotionalen Wahl zu unterstreichen und Gefühle radikal von Geschäften zu trennen.

Es stimmt, Friedrich Engels hat dieser Sichtweise widersprochen. Er glaubte, in der bürgerlichen Ehe würde sich das Bedürfnis, Privatbesitz weiterzugeben, gegenüber uneigennützigen Gefühlen und Liebe am Ende durchsetzen. Doch Engels hatte Unrecht; in vielerlei Hinsicht ist gerade das Gegenteil eingetreten. Weil der Kapitalismus die wirtschaftliche Tätigkeit zu einer besonderen, von Ehe und sexueller Reproduktion getrennten Angelegenheit machte, baute er die Familie zu einer nichtwirtschaftlichen Einheit um – gleichsam zu einem emotionalen Treibhaus, in dem Männer und Frauen sich in immer größerem Maß ihrer gegenseitigen Liebe, ihrer Sexualität, der individuellen Weiterentwicklung und der elterlichen Fürsorge widmen konnten.

Es ist wahr, der Kapitalismus hat Männer und Frauen in getrennte Sphären verbannt – die Frauen in das »Schattenreich« des Hauses (Hannah Arendt) und die Männer in den Konkurrenzkampf des Marktes. Doch indem er die romantische Liebe zu einem wesentlichen Teil der Ehe machte, wertete er auch den Status der Frauen auf und unterhöhlte die männliche Vormachtstellung im Haushalt.

All dies liefert uns den Schlüssel, mit dem wir eine der großen Paradoxien des Kapitalismus und wahrscheinlich eine seiner beständigsten Verführungskräfte verstehen können: Die kapitalistische Sozialorganisation hat die wirtschaftlichen Aktivitäten zum Hauptmotor der Gesellschaft gemacht – und zugleich das Privatleben und die Suche nach emotionaler Verwirklichung und Erfüllung in den Mittelpunkt des persönlichen Lebensprojekts gestellt.

Nehmen wir nur den Konsum: Der Konsumsektor bedient sich außerordentlich rücksichtsloser und ausufernder Praktiken, aber die meisten Menschen konsumieren hauptsächlich, um ihre sozialen Beziehungen zu verbessern. Wir geben viel Geld für luxuriöse Reisen aus, aber nur, um eine intensive Zeit mit unserer Familie zu verbringen. Viele Urlaubssouvenirs sind in Wirklichkeit Geschenke für Freunde und Angehörige. Schöne Kleider, Parfums und Kosmetik kaufen wir in der Regel, um andere zu beeindrucken. Und so weiter.

So erweist sich der Kapitalismus als soziologischer Zentaur: Sein Kopf ist gierig, brutal, unbarmherzig, berechnend. Aber sein Leib sehnt sich nach engen Bindungen, nach Intimität, Authentizität und Selbstverwirklichung.

Im Gegensatz zur marxistischen Lehre glaube ich nicht, dass die Widersprüche des Kapitalismus seine Schwäche sind. Vielmehr halte ich sie für die Quelle seiner Kreativität, Attraktivität und Dynamik. Während am Arbeitsplatz Selbstbeherrschung, Konkurrenzdenken und die Rationalität des kühlen Kopfes gefordert sind, bietet das Zuhause immer, selbst nur als ausgleichender Mythos, einen Hort des Trostes, der Authentizität und der Intimität.

Ein Großteil unserer kulturellen Kreativität während des letzten Jahrhunderts bestand in dem Versuch, die widersprüchliche Logik dieser beiden Sphären zu begreifen und sie miteinander zu versöhnen. Literatur, Feminismus oder Psychoanalyse sind Beispiele dafür, wie ganze Heerscharen von Kulturschaffenden alles daransetzten, die Spannungen zwischen dem ichbezogenen, selbstgewissen Individualismus und unserer Hingabe an andere Menschen herauszuarbeiten und zu balancieren.

Ich glaube aber, dass dieser widersprüchliche Charakter des Kapitalismus mehr und mehr verschwindet. Gegenwärtig ist er weitaus weniger von Konflikten geprägt, als es auf dem Höhepunkt der bürgerlichen Hegemonie der Fall war. Gefühle und Geschäfte, Privates und Öffentliches bilden keine Gegensätze mehr; vielmehr werden Ökonomie und Leidenschaften in den neuen technologischen und ökonomischen Entwicklungen des Kapitalismus wieder perfekt miteinander verschmolzen.

Nehmen wir zum Beispiel die boomende Partnersuche per Internet. Casanovas eisige Reaktion verblasst im Vergleich zu den ausgeklügelten, elaborierten Spezifikationen der Partnerattribute, die die Internet-Technik ermöglicht: Die Partnersuchenden verabreden sich nur mit einer Person, wenn sie zu einer bestimmten Altersgruppe gehört, eine bestimmte Haar- und Augenfarbe hat, wenn Bildungsniveau, Einkommen und Fitness-Level passen.

Oder die Talkshows. Nicht nur, dass nie zuvor mit Lebensgeschichten so viel »Mehrwert« erwirtschaftet wurde. Talkshows heben auch den Gegensatz von Öffentlichem und Privatem auf und beseitigen eines der fundamentalen Spannungsverhältnisse, die den Kern moderner Identität ausmachten. Das heißt, während der Kapitalismus einst private und öffentliche Sphäre, spontane Leidenschaft und kaltblütiges Kalkül separierte, verschmilzt die zeitgenössische kapitalistische Kultur diese Sphären wieder miteinander. Sprache, Werte und Rationalität des Marktes werden eine alles verschlingende Hegemonialmacht.

Der Kapitalismus scheint mir nicht mehr in der

Lage, überzeugende Mythen hervorzubringen, die das Leben erleichtern oder uns über den Markt und den Alltag erheben. Es sind gerade die Strukturen des Privatlebens, die jetzt vor unseren Augen zerbröseln. Ob aus dieser Asche ein neuer Phönix aufsteigen wird, bleibt abzuwarten.

Aus dem Englischen von HARTMUT SCHICKERT

Juri Andruchowytsch

Schock ohne Therapie, Markt ohne Ordnung

Als die Mauer fiel, erschien uns der Kapitalismus als schöner Prinz. Jetzt erledigt sich auch diese Utopie.

Ach wie schön hat alles begonnen! Erst 16 Jahre ist jene Wende her, die später irrtümlicherweise als »Ende der Geschichte« bezeichnet wurde. Wir konnten uns gar nicht genug freuen über den nahen Sieg des Kapitalismus. In unseren Medien, die durch einen Wink mit Gorbis Zauberstab freier und objektiver geworden waren, häuften sich die positiven Berichte über ihn. Das furchterregende Ungeheuer hatte sich in einen schönen Prinzen verwandelt, und wir widmeten uns den Attraktionen des Marktes mit der unbedingten Hingabe Neubekehrter. Wie Kinder, die unter den Klängen mechanischer Musik von einer unsichtbaren Schnur ins Jahrmarktszelt gezogen werden. »Markt, Markt, alles Markt«, wiederholten, als sei es eine Beschwörung, Ökonomen, Philosophen und Dichter – obwohl niemand (am allerwenigsten die Ökonomen) die Bedeutung dieses Wortes wirklich verstand.

Diejenigen unter uns, die als Erste in den Westen gelangten, berichteten von einer unglaublichen Vielfalt an Essen und Trinken und von anderen Wundern der Konsumwelt. Etwa: »Stell dir vor, dort bedankt man sich bei dir für den Einkauf!«

Die Initiation durch den Supermarkt, dieses besondere Ritual der Heranführung des Homo sovieticus an die westlichen Werte, wurde zum Wendepunkt des Lebens. Ein mir bekannter Dichter, heute Bürger des Staates Israel, der schon Ende der siebziger Jahre von Kiew nach München emigriert war, führte seine frisch angekommenen Gäste aus dem Osten zuallererst in einen gigantischen Cash & Carry-Markt. Ausmaße und Bandbreite des Angebots überwältigten uns. Die Zivilisation schien zu 99 Prozent aus Überflüssigem zu bestehen und war gerade deshalb wunderschön. Eine absolut andere, bessere Welt, die noch dazu schwindelerregend gut roch. Niemals werde ich auch das riesengroße Aquarium mit Fischen und Wasserpflanzen vergessen. Opferfische, bestimmt, erschlagen und gefressen zu werden – aber wie sie da im farbig beleuchteten Wasser herumschwammen, wie sie spielten!

Keine Frage, der Kapitalismus war wunderbar!

Dann wurde er unbeholfen auf unseren heimatlichen Boden aufgepfropft: Schock ohne Therapie, wilde Aneignung von Besitz, völlige Entwertung aller Ersparnisse, offene und verdeckte Arbeitslosigkeit, sozialer Abstieg bis ins Lumpenproletariat – und als Antithese die ersten »fetten Kater«, später Oligarchen genannt.

In Wirklichkeit ist also bei uns der Kapitalismus ausgebrochen (noch dazu ebenjener, der wilde), bei ihnen aber herrschte etwas viel Schöneres – die liberal-postindustrielle Gesellschaft.

Es ist übrigens noch gar nicht lange her, da hat mich ein Berliner Doktor der Philosophie in einer Diskussion darauf hingewiesen, dass die oligarchische Ordnung die vollkommenste Form des ökonomischen Liberalismus sei.

Und ich dachte, wir hätten es mit banalen Banditen zu tun.

Das Schlimmste, was sie uns eintrichtern können, ist, dass man zwischen Freiheit und Versorgtsein wählen müsse. Die Staatsmacht sitzt dir im Nacken, aber sie versorgt dich auch. Die Staatsmacht lässt dich laufen, wohin du willst, dabei aber verreckst du vor Hunger.

»Lukaschenko ist besser als Kwaszniewski«, sagt

mein polnischer Freund, »denn Lukaschenko sorgt sich um die soziale Absicherung der Bevölkerung.« Er sollte mal ein bisschen in Weißrussland leben! »Dort herrscht auch jetzt noch Mangel an allem Möglichen, und Journalisten lassen sie spurlos verschwinden«, sage ich ihm. Aber er beharrt auf seinem Standpunkt: »Dafür haben hunderttausend polnische Kinder heute nicht die Möglichkeit, zur Schule zu gehen, denn die Regierung hat ihre Eltern einfach sich selbst und damit dem Untergang überlassen. Aber unsere Journalisten, obwohl angeblich unabhängig, berichten nicht darüber.«

Mein Freund glaubt, dass die polnischen Journalisten zu viel verdienen, um noch über solche Dinge schreiben zu können. Vielleicht ist das mit den hunderttausend hungrigen polnischen Kindern, die nichts zum Anziehen haben, um zur Schule zu gehen, aber auch übertrieben. Wer weiß.

Unser Gespräch ist in einen Teufelskreis geraten. Wir versuchen, auf eine absurde Frage eine Antwort zu finden: »Lieber reich und dumm oder arm und klug?« Unter zwei Zynismen – dem kapitalistischen und dem sozialistischen – wollen wir denjenigen wählen, der das menschlichere Antlitz zeigt.

Ein anderer Freund, ein junger ukrainischer Dichter, trägt (er ist nicht der Erste und wird bestimmt nicht der Letzte bleiben) ein T-Shirt mit dem Konterfei Che Guevaras, und in seinen Gedichten nennt er Jesus Christus einen Kommunisten. »Dein geliebter Che hätte dich wegen deines 50-Dollar-Shirts eigenhändig erschossen«, sage ich zu ihm. Er ist 14 Jahre jünger als ich und driftet immer mehr nach links. Seine Poesie nähert sich dem sozialistischen Realismus an. Er kann sich die Idiotie des sowjetischen Alltags nicht mehr vorstellen – dreistündiges Schlangestehen nach Sonnenblumenöl oder Seife und totale Kontrolle der Geheimdienste über die chemische Zusammensetzung deiner Gedanken. Ist ja auch längst Vergangenheit, *never mind.*

In der nächsten Zukunft wird es zu einer totalen Übermacht der linken Ideologien kommen – so sind eben die Zeitläufte. So sind die Szenerien um uns herum.

Ich suche nicht nach solchen Szenerien, sie finden mich.

Kürzlich bin ich von Charlottenburg, wo ich jetzt wohne, zu Freunden nach Pankow gefahren und habe auf dem Alexanderplatz eine Pause eingelegt. Ich war ein bisschen genervt von den Pennern in der S-Bahn, an jedem Bahnhof wurden es mehr, im Bahnhof Friedrichstraße stiegen noch drei zu, einige hatten große Hunde dabei und baten die Passagiere um milde Gaben. In Begleitung eines Hundes ist das Betteln erfolgversprechender – mit Tieren haben Menschen Mitleid. Ich nahm mir vor, in Zukunft immer etwas Kleingeld in der Tasche zu haben. Es war mir peinlich, dass ich den Pennern nichts geben konnte.

Über den leeren, schmutzigen Alex fegte der Wind. Seit ich das letzte Mal hier war, sind Zäune aufgetaucht, vielleicht wieder ein Umbau, etwas wie eine halb fertige Ruine steht neben der gigantomanischen Galeria Kaufhof, diesem, wie es heißt, Konsumparadies, Symbol des Wandels in der ehemaligen DDR. Ich durchquere die Wüste des Platzes, vorbei an kleinwüchsigen Punks (wohl die Enkel derer von vorhin) und ihrem Bier, ihren Zigaretten und – auch hier – Mischlingskötern, vorbei an freudlosen Schülerinnen auf Klassenausflug, gewiss aus irgendeinem Bitterfeld, und an verdächtig dunkelhäutigen Verkäufern illegalen Silberschmucks; außerdem auf Schritt und Tritt Spinner oder Invaliden in Rollstühlen. Und schließlich dämmert mir: Dies ist der Verfall.

Wir haben es offenbar mit einer neuen Phase der Dekadenz zu tun. Nachdem der Konflikt zwischen den Systemen beendet ist, zerfällt vor unseren Augen eine weitere Utopie des Okzidents: die Utopie von ewig garantierter Sicherheit *(yes!)*, Stabilität *(yes!)* und – das vor allem – gleichbleibend hohem Lebensstandard.

Aber das Leben kann, will und soll sich nicht in Standards pressen lassen, so hoch sie denen auch scheinen mögen, die sich als seine, des Lebens, Konstrukteure verstehen. Das menschliche Antlitz ist nicht nur für vorbeihuschendes, oberflächliches und entfremdetes Lächeln geschaffen. Runzeln, Schnittwunden, verzweifelte Grimassen und Schmerzkrämpfe gehören dazu. Das menschliche Antlitz lässt sich nicht konstruieren.

Vor diesem Hintergrund kann ich der oben beschriebenen Szenerie – Penner, Punks, Köter und Spinner – durchaus optimistische Züge abgewinnen.

Aus dem Ukrainischen von SABINE STÖHR

Jeremy Rifkin

Europa, wir brauchen dich

Das Nein zur EU-Verfassung ist ein Protest gegen den ökonomischen Wildwuchs. Die Marktwirtschaft muss reformiert werden.

Nach der Ablehnung der EU-Verfassung durch die Franzosen und die Niederländer ist Europa in eine Sinnkrise gestürzt. Grund dafür ist die tief sitzende Angst vor der bedrohlichen nationalen und europäischen Wirtschaftslage. Die Neokonservativen behaupten, der einzige Ausweg aus der gegenwärtigen Misere in Europa bestehe darin, die sozialen Leistungen, Vergünstigungen und Hilfsprogramme abzubauen, die jahrzehntelang die europäischen Vorstellungen vom lebenswerten Leben in einer sozial verantwortlichen Gesellschaft geprägt haben. Weiter behaupten sie, der Markt müsse von seinen Fesseln befreit werden, um dem Wettbewerb freie Bahn zu schaffen. Wenn Europa das tue, sagen die Neokonservativen, werde die Wirtschaft florieren, und den Menschen werde es gut gehen.

Die Sozialisten hingegen behaupten, das liberale angloamerikanische Modell der ungehinderten Marktwirtschaft, das nur einen Sieger kennt, mache die Reichen nur noch reicher, bringe die Arbeitnehmer an den Bettelstab und führe zu einer rücksichtslosen und ausbeuterischen Gesellschaftsordnung.

Meiner Auffassung nach stellt die gegenwärtige europäische Debatte aber nicht die EU-Verfassung infrage, sondern – indirekt – die Zukunft des Kapitalismus. Dies nicht nur in Europa, sondern auf der ganzen Welt. Immer mehr Europäer fragen sich, ob das liberale oder das soziale Marktmodell die bessere wirtschaftliche Zukunft verspricht. Kurzum, die Verfassungsabstimmungen in Frankreich und den Niederlanden wurden zu Ersatzforen, auf denen die Menschen ihre ökonomischen Vorlieben, Hoffnungen und Ängste zum Ausdruck brachten.

Die Ereignisse rund um die Volksabstimmungen vom Sommer 2005 erinnern mich an die Zeit vor zwanzig Jahren, als der russische Staatspräsident Michail Gorbatschow auf die Unzufriedenheit in der Sowjetunion und ihren mittel- und osteuropäischen Satellitenstaaten mit seiner berühmten Perestroika reagierte. Gorbatschow wollte seinerzeit mit einer selbstkritischen Neubewertung des kommunistischen Experiments die Vision des Sozialismus retten. Vor einiger Zeit, am 20. Jahrestag der Perestroika, veranstaltete er in Turin ein »Weltpolitikforum«, bei dem Politiker und Wirtschaftsexperten eine Art Leichenschmaus hielten. Gorbatschow bat mich um einen Lagebericht; ich sollte beschreiben, wie es zwei Jahrzehnte nach dem Anfang vom Ende des Kommunismus um Europa und die Welt steht.

Meiner Meinung nach verhält es sich so: Seit dem Fall der Berliner Mauer und dem Ende der UdSSR macht niemand mehr dem Kapitalismus das globale Spielfeld streitig – er kann der Welt seinen Willen aufzwingen. Doch vielleicht ist jetzt die Zeit gekommen, dass sich auch das kapitalistische Lager an so eine interne, selbstkritische Bestandsaufnahme macht und sich fragt, wie es die Welt seit 1989 geprägt hat. Denn die Wirklichkeit sieht düster aus.

Während Unternehmensprofite überall auf der Welt in die Höhe schießen, geht es momentan 89 Ländern wirtschaftlich schlechter als Anfang der neunziger Jahre. Der Kapitalismus hatte versprochen, die Globalisierung würde die Kluft zwischen Reich und Arm verringern. Stattdessen ist sie nur noch größer geworden. Die 356 wohlhabendsten Familien der Welt erfreuen sich zusammen eines Reichtums, der mittlerweile das Jahreseinkommen von 40 Prozent der gesamten Menschheit übertrifft. Die drei allerreichsten Familien, Bill Gates, Warren Buffet und die Waltons von der Wal-Mart-Supermarktkette, verfügen zusammen über mehr Vermögen, als dem Jahreseinkommen der 940 Millionen ärmsten Menschen auf der Erde entspricht.

Kapitalistische Vordenker versprachen, die Unvernetzten zu vernetzen, die Armen der Welt ins globale High-Tech-Dorf aufzunehmen. Das Versprechen ist nicht eingelöst worden. Zwei Drittel der Menschheit haben noch immer nicht auch nur ein einziges Telefongespräch geführt, und ein Drittel der Menschheit hat keinen Zugang zu Elektrizität, lebt von der globalen Wirtschaft isoliert.

Die Verfechter des Kapitalismus verpflichteten sich, eine nachhaltige wirtschaftliche Entwicklung zu fördern und die fragile Biosphäre, von der alles Leben auf der Erde abhängt, zu erhalten und zu bewahren. Aber wir vergeuden weiterhin die verbliebenen fossilen Brennstoffreserven, blasen immer mehr Kohlendioxid in die Atmosphäre, zerstören die Ökosysteme, gefährden das Überleben unserer Mitkreaturen und tragen weiter zur bedrohlichen globalen Erwärmung bei, womit wir die Gefahr eines katastrophalen Klimawechsels im nächsten Jahrhundert heraufbeschwören.

Man sagte uns, die Globalisierung würde unter den wachsamen Augen der kapitalistischen Märkte zu einer stabileren und friedlicheren Welt führen. Stattdessen ist der Terrorismus auf dem Vormarsch, das Reisen ist gefährlicher geworden und die Welt weniger sicher.

Unsere Wirtschaftsführer mokierten sich über die tief verwurzelte Korruption, die die alten, zentralistischen Regime des Kommunismus durchdrang, aber zugleich waren viele von ihnen selbst in genauso ungeheuerliche Korruptionsfälle verwickelt, die ein paar der »vertrauenswürdigsten« Unternehmen der Welt ruinierten und deren Vorstandsvorsitzende und leitende Manager ins Gefängnis brachten.

Neokonservative attackierten die Zentralisierung der Macht an der Spitze der riesigen kommunistischen Staatsbürokratien, nur um sie dann durch die gleichermaßen zentralisierte Machtkonzentration an der Spitze der rund 500 globalen Wirtschaftsunternehmen zu ersetzen, die heute einen Großteil der Welt regieren.

Warum sind die beiden dominanten Ideologien des Industriezeitalters so erbärmlich gescheitert? Weil ihre Kerndogmen nicht hinreichend mit dem Gegengift der jeweils anderen Seite austariert waren und so nicht die Kontroll- und Ausgleichsmechanismen entwickelt wurden, die für eine Welt nötig sind, welche für alle lebenswert ist.

Die zentrale These des Kommunismus lässt sich am besten in der bekannten Formel zusammenfassen: »Jeder nach seinen Fähigkeiten, jedem nach seinen Bedürfnissen.« Ein nobles Prinzip, dessen kann man gewiss sein. In der Praxis jedoch hat der Kommunismus jede persönliche Initiative erstickt und zu einer paternalistischen Führungskultur geführt, die dem Individuum noch den letzten Rest von Autonomie raubte und alle faktisch zu Mündeln des allmächtigen Staates machte. Letzten Endes fühlte sich niemand mehr für sein eigenes Schicksal verantwortlich, und alle waren dem Diktat einer entpersonalisierten Staatsbürokratie unterworfen.

Die zentrale These des Kapitalismus hingegen lässt sich mit den Worten des schottischen Aufklärers und Ökonomen Adam Smith ausdrücken. In *Der Wohlstand der Nationen* schreibt Smith: »Jeder Einzelne ist ständig bemüht, den vorteilhaftesten Einsatz für jegliches Kapital zu finden, über das er verfügt. Es ist aber tatsächlich sein eigener Vorteil und nicht der Nutzen für die Gesellschaft, auf den er aus ist. Doch die Suche nach seinem eigenen Vorteil führt ihn auf natürlichem Wege, oder besser notwendigerweise, dazu, den Einsatz zu bevorzugen, der für die Gesellschaft am vorteilhaftesten ist.«

Smith glaubte, eine »unsichtbare Hand« regiere den Markt und garantiere, dass letztlich jeder von ihm profitiert, wenn man nur die Marktmechanismen nicht stört. Neokonservative Ökonomen und Politiker glauben das noch immer.

In Wirklichkeit hat sich herausgestellt, dass von der unsichtbaren Hand tatsächlich nichts zu sehen ist. Überlässt man den entfesselten Markt seiner eigenen, inneren Logik, führt er nicht zu einem größeren Stück vom wirtschaftlichen Kuchen für alle, sondern zu einem Ausscheidungsspiel, bei dem am Ende der Sieger alles einsteckt. Wie sonst sollten wir die Tatsache erklären, dass Amerikas ungezügeltes Marktmodell zu einer dramatischen Ausweitung der Kluft zwischen Reich und Arm geführt hat und diese Entwicklung auch noch direkt proportional zur Lockerung der externen Kontrollen über die Wirtschaftspraktiken verlief?

Heute nähern sich die amerikanischen Unternehmensprofite Rekordhöhen, der Produktivitätszuwachs ist beispiellos, und doch sind die USA auf den 24. Platz unter den Industrienationen abgesackt, was die Einkommensschere angeht – also die Ungleichverteilung zwischen der kleinen Zahl sehr reicher Familien am oberen und den Millionen arbeitender armer Familien am unteren Ende der sozialen Leiter. Nur Mexiko und Russland schneiden noch schlechter ab. Die Vereinigten Staaten, die von allen Ländern der Welt den Marktkapitalismus in reinster Form praktizieren, stehen zugleich in dem negativen Ruf, von allen fortschrittlichen Industrienationen die meiste Armut zu produzieren. Eines von vier amerikanischen Schulkindern lebt gegenwärtig unter der Armutsgrenze. Die USA weisen auch die höchste Verbrechensrate in der industrialisierten Welt auf. So unglaublich es klingt: 25 Prozent sämtlicher Gefängnisinsassen dieser Welt sind gegenwärtig in den Vereinigten Staaten inhaftiert. Zwei Prozent der erwachsenen männlichen amerikanischen Arbeitskräfte sitzen hinter Gittern.

Ist der Kapitalismus noch zu retten? Ja, aber nur, wenn wir zu einer offenen und ehrlichen Diskussion darüber bereit sind, was am Kapitalismus gut ist und was nicht. Die Stärke des Kapitalismus ist paradoxerweise auch seine Schwäche. Der Markt dient dem Verfolgen individueller Eigeninteressen und ist daher fast pathologisch erfinderisch. Persönliche Risikobereitschaft, Unternehmungsgeist, technische Innovation und Produktivitätsfortschritte sind im Kapitalismus weitaus stärker ausgeprägt als in allen anderen je erdachten Wirtschaftssystemen. In diesem Punkt, denke ich, sind wir uns alle einig.

Aber als Nächstes muss die heiklere Frage gestellt werden: Was ist am Kapitalismus nicht gut? Er verteilt die Früchte des wirtschaftlichen Fortschritts nicht gerecht. Und zwar, weil nach der Logik auf der Vorstandsetage sich immer alles darum dreht, die Produktionskosten zu senken, um die Profite zu maximieren und den Shareholder-Value zu steigern. Das bedeutet: Wann und wo immer möglich, werden die Gewinnanteile, die an die Mitarbeiter gehen, genauso zurückgefahren wie die Kosten für die Erhaltung der Umwelt, von der alle zukünftigen Wirtschaftsaktivitäten abhängen. Im Endergebnis ist die Welt immer mehr in Besitzende und Habenichtse gespalten, und die Biosphäre ist ernsthaft gefährdet, weil sie Eigeninteressen ausgeliefert ist, denen der Sinn für kollektive Verantwortung abgeht.

Wie lautet die Antwort? In einer global vernetzten Welt, in der wir alle zunehmend durch das Verhalten anderer verwundbar und, wenn wir überleben wollen, alle im gleichen Maß vom guten Willen der anderen abhängig sind, beruht die Hoffnung für die Menschheit darauf, dass eine aristotelische Balance geschaffen wird, die den Unternehmungsgeist des Marktes weckt und stimuliert und zugleich die ihm innewohnende Neigung zügelt, über die Stränge zu schlagen und immer mehr Macht an der Spitze der globalen Unternehmenspyramiden zu konzentrieren. Ausgleichende Gegenkräfte in Form einer starken Gewerkschaftsbewegung, einer vielfältigen und vitalen Zivilgesellschaft und engagierter, wachsamer politischer Parteien müssen beständig den potenziellen Missbrauch und den Raubbau durch kapitalistische Praktiken im Zaum halten, indem sie mit angemessenen Sozialprogrammen und einem adäquaten sozialen Sicherungsnetz – jedoch ohne Marktanreize auszuschalten – für eine gerechte Umverteilung der auf dem Markt erzielten Erlöse sorgen.

Das ist in der Tat ein schwieriger Balanceakt. Wie sich immer mehr zeigt, sollten wir – welche Ironie der Geschichte! – Kapitalismus und Sozialismus nicht als Gegensätze, sondern als komplementäre »sichtbare Hände« betrachten, die ständig die Eigeninteressen des Marktes und das kollektive Verantwortungsgefühl für das Wohlergehen der Gesellschaft als Ganzes wechselseitig ausbalancieren.

Wird das individuelle, materialistische Eigeninteresse nicht durch soziales Verantwortungsgefühl gezügelt, geht die Gesellschaft das Risiko ihrer narzisstischen Fragmentierung und der Ausbeutung der vielen durch die wenigen ein. Lässt das kollektive Verantwortungsgefühl dem individuellen Eigeninteresse keinen Raum, verlieren wir die persönliche Verantwortlichkeit und riskieren ein paternalistisches Terrorregime in den Händen eines allmächtigen Staates.

Das in der Europäischen Union praktizierte Modell der sozialen Marktwirtschaft kommt dem von mir beschriebenen Mechanismus der »sichtbaren Hände« am nächsten. Unglückseligerweise droht die gegenwärtige wirtschaftliche Debatte in Europa die öffentliche Meinung extrem zu polarisieren – die ungehinderten Marktkräfte und das bürokratische Diktat eines Wohlfahrtsstaates werden gegeneinander ausgespielt.

Vor uns liegt die schwierige Aufgabe, einen intelligenten und wohlüberlegten Kurs einzuschlagen, der ein ausgewogenes Spannungsverhältnis zwischen dem Unternehmungsgeist des Kapitalismus und der gesellschaftlichen Solidarität des Sozialismus aufrechterhält, ohne dass eine der beiden Visionen den entscheidenden Gehalt der anderen zerstört. Wir sind schließlich, jeder Einzelne von uns, eine Verkörperung beider Geisteshaltungen. Wir wollen unsere Eigeninteressen verfolgen und bleiben uns gleichzeitig bewusst, dass wir für unsere Mitmenschen Verantwortung tragen. Eine reformierte soziale Marktwirtschaft in Europa, die beide Aspekte menschlichen Verhaltens gedeihen lässt, wäre ein Modell und ein Vorbild für den Rest der Welt.

Aus dem Englischen von HARTMUT SCHICKERT

Ernst-Wilhelm Händler
im Gespräch mit Thomas Assheuer und Christof Siemes

Der Firma Deutschland fehlt der Auftrag

Warum wir keine Globalisierungsopfer sind und nicht zum Geldverdienen taugen. Ein Gespräch mit dem Schriftsteller und Unternehmer Ernst-Wilhelm Händler

»Den Deutschen können Sie nicht zum Profit bringen, sein Herz ist dagegen. Das ist ein Erbe der Romantik.«

Herr Händler, beunruhigt Sie die Lage in Deutschland mehr als Unternehmer – oder mehr als Schriftsteller?

ERNST-WILHELM HÄNDLER: Als Schriftsteller kann ich mich nicht beschweren. Trotz aller Klagen werden so viele Bücher publiziert wie nie. Und auch gelesen. Wenn ich mich sorge, dann als Unternehmer.

Worin besteht diese Sorge?

HÄNDLER: Wir haben ein massives ökonomisches Problem, wir verzeichnen einen Wohlstandsverlust in Verbindung mit einer hohen Zahl von Arbeitslosen. Das ökonomische Problem rührt aber nicht von der Globalisierung her, das ist Unsinn. Deutschland ist eine Firma, die früher viele Dinge konnte, die andere nicht konnten. Bislang hatten wir immer einen Vorsprung auf dem Gebiet der Technik, niemals auf dem Gebiet der rationellen Massenproduktion. Hier sind Produkte in einer Qualität gefertigt worden, die woanders nicht zustande gebracht wurde.

Diese Sonderstellung haben wir verloren?

HÄNDLER: Wir haben kein Alleinstellungsmerkmal mehr. Das ist der Grund für den Wohlstandsverlust, nicht der »Heuschrecken«-Kapitalismus.

Was tun? Sollte man einfach neue Dinge erfinden, um die alte Stellung wiederzuerlangen?

HÄNDLER: Wir müssen uns auf dem Weltmarkt Nischen suchen. Man kann weder das Rad zurückdrehen noch bei der Warenproduktion mithalten. Wir Deutsche müssten versuchen, zu den Quellen zurückzugehen. Auch wenn es seltsam klingt: Wir sollten versuchen, Geist zu produzieren, Intelligenz jeglicher Art. Egal, ob das Sinologie ist oder Halbleitertechnik oder irgendetwas. Das ist völlig wurscht.

Diese Produktion von Bildung beginnt aber nicht erst auf der Universität.

HÄNDLER: Klar. Wir wundern uns, warum wir bei PISA so hintendran sind. Dabei gibt es ein ganz einfaches Mittel, bei PISA vorne zu sein: Nicht mehr ein Lehrer auf dreißig Schüler, sondern ein Lehrer auf fünfzehn Schüler. Wenn Sie sich die Skandinavier anschauen, dann besteht deren Erfolgsgeheimnis in kleinen Klassen. Wir dagegen subventionieren Windenergie, fördern Filme – nichts gegen Filme – und tausend andere Sachen. Aber elementare Dinge fördern wir nicht. Ich sage nicht, dass Geld allein Geist produziert. Aber man muss da einfach Ressourcen reinpumpen.

Derzeit werden gerade die Geisteswissenschaften dem Nützlichkeitsdenken unterworfen.

HÄNDLER: Das ist ein großer Fehler. Es gibt mittlerweile Theologen als Vorstandsvorsitzende, viele Consultants bei BCG und McKinsey kommen aus den Geisteswissenschaften. Wenn Sie Ingenieur oder Informatiker werden, dann können Sie Ihr Wissen ohnehin nach zehn Jahren vergessen. Entscheidend ist die Methode der Wissensaneignung, nicht der Wissensinhalt.

Die Umschichtung von Subventionen würde frühestens in zehn Jahren Früchte tragen. Ist das politisch durchsetzbar?

HÄNDLER: Das ist genau das Problem. Ich würde Milliarden in das Bildungssystem, in die Wissenschaft und in die Kultur pumpen. Derzeit geschieht das Gegenteil. Denken Sie nur an den Zirkus mit den Goethe-Instituten: Es gibt nichts, was Deutschland im Ausland so positiv dastehen lässt wie sie. Und da wird dann auch noch gespart. Das ist Irrsinn.

Sind Politikern nicht die Hände gebunden? Sind sie nicht auch Getriebene der Globalisierung?

HÄNDLER: Nein. Es herrscht, nicht erst seit heute, eine globale Wettbewerbssituation, jeder muss das machen, was er am besten kann. Meine Idee, Geist zu produzieren, ist durchaus nicht etwas besonders Originelles. Wir Deutsche gelten bekanntlich als Dichter und Denker, also machen wir doch das, was wir können. Die Deutschen waren noch nie bekannt dafür, dass sie Geld verdienen wollten. Der Affekt gegen das Geld ist ein Erbe der Romantik. Den Deutschen können Sie nicht zum Profit bringen, sein Herz ist dagegen.

Also hat die wirtschaftliche Krise auch kulturelle Grundlagen?

HÄNDLER: Geldverdienen ist in der deutschen Kultur immer verpönt gewesen. Tatsächlich sind viele vom »Dritten Reich« angezogen worden, weil sie vom Thema »Verachtung des Geldes« fasziniert waren. In Amerika geht einer zufrieden ins Bett, wenn er viel Geld verdient hat. Und dankt dem lieben Gott. Das ist keine deutsche Mentalität, und die werden wir nicht ändern.

Das versuchen wir doch gerade zu ändern.

HÄNDLER: Man kann nicht einen ganzen Volkscharakter umstellen. Wir werden niemals Amerikaner werden. Aber ein vagabundierender Geist wird immer etwas Interessantes finden, und das wird sich auch ökonomisch auszahlen.

Glauben Sie im Ernst, dadurch käme die Vollbeschäftigung wieder? Sie können nicht aus jedem Fließbandarbeiter einen Professor machen.

HÄNDLER: Was ich beschreibe, ist keine kurz-, nicht einmal eine mittelfristige Lösung. Aber in einer Generation bringt es Arbeitsplätze.

Politiker brauchen schnellen Erfolg.

HÄNDLER: Dennoch gibt es Politiker, die denken über sich hinaus, und sei es nur, um sich zu verewigen. Die Anfänge der Europäischen Union waren auch visionär.

Wir doktern nur an Symptomen herum?

HÄNDLER: Nicht alle politischen Rezepte, etwa die Lockerung des Kündigungsschutzes, sind völlig untauglich. Aber Sie können das generelle Problem nicht lösen, weil unsere ökonomische Krise Ausdruck von etwas Tieferem ist: Die Deutschen haben ihre Rolle in der Geschichte und in der Völkergemeinschaft verloren. Wir haben eine Rolle gehabt – als Schurke des Jahrhunderts. Wir haben das Paradigma des Bösen konstituiert. Nach 1945 war's damit vorbei, wir hatten das Böse vollendet. Andere Nationen haben ihren Platz im Weltkonzert. Die Italiener sind zuständig für Design, für Schönheit, für Mode, das ist eine Tradition seit der Renaissance. Die Amerikaner sind fürs Geldverdienen und für Mondflüge zuständig, die Engländer für das Empirische, die Franzosen – sagen wir einmal – für einen gewissen Bombast. Und wir Deutschen? Wir haben gar nichts, wir sind gar nichts.

Sind das nicht Klischees?

HÄNDLER: Jede Firma braucht eine Mission. Wir Deutsche haben keine. Auch innerhalb der EU brauchen die Länder etwas, um sich zu definieren, selbst wenn das viel mit Klischees zu tun hat.

Man könnte doch einfach die kulturelle Herkunft weniger ernst nehmen.

HÄNDLER: Das funktioniert nicht. Schauen Sie sich die Länder an, die unter dem Kommunismus gelitten haben. Da kommt all das wieder zum Vorschein, was schon vor dem Kommunismus da war. In Russland entsteht ja nicht ein kleines Amerika. Aus der kulturellen Anlage muss jeder sein Bestes machen.

Alle reden von Vollbeschäftigung. Wie wollen Sie die mit dem Produkt »Geist« erreichen?

HÄNDLER: Man muss die maßlose Verkrustung aufbrechen. Ich bin zum Beispiel gegen das Gewerkschafts-Bashing. Deren Aufgabe ist es, für alle, die einen Vertrag haben, möglichst viel herauszuholen. Da machen sie einen guten Job. Wir haben in Deutschland vielmehr ein Versagen der Unternehmer und Unternehmerverbände. Sie leisten keine Bewusstseinsarbeit. In den Talkshows hat man den Eindruck, den Gewerkschaftern ist es ernst. Bei den Unternehmern denkt man immer, sie sind froh, dass sie ins Fernsehen dürfen. Und am nächsten Tag fragen sie ihre Sekretärin: Na, wie war ich?

Die Gewerkschaften haben Macht verloren, nicht aber die Unternehmer.

HÄNDLER: Das mag sein. Aber Sie haben mich ja nach konkreten Maßnahmen gefragt. Viele dieser Maßnahmen bedeuten Deregulierung, tut mir Leid, das ist so. In der ersten Stufe muss man den Markt arbeiten lassen. Wer es nicht schafft, dem muss man in einer zweiten Stufe helfen.

Ist nicht die Arbeitsgesellschaft am Ende?

HÄNDLER: Man darf Arbeit nicht mit Industriearbeit identifizieren. Die wird immer weniger. Aber um die Industriearbeit herum braucht man Dienstleistungen jeder Art, von Pizzabacken über Dolmetschen bis zum Seminar über Kafka.

Alle fordern von uns mehr Dynamik. Aber sind wir nicht deshalb wie gelähmt, weil die Gesellschaft ständig mobil gemacht wird?

HÄNDLER: Wenn Sie sich den Sozialhaushalt anschauen, dann kann von einem radikalen Umbau des Systems nicht die Rede sein. Die jetzige ökonomische Entwicklung hat sich bereits am Ende der ersten rot-grünen Legislaturperiode abgezeichnet. Dass man die Anzeichen geleugnet hat, war mangelnde Ehrlichkeit. Dieser Vorwurf ist der Regierung Schröder nicht zu ersparen, sie ist schließlich mit gewissen moralischen Ansprüchen angetreten. Die neue Regierung hat jetzt leichtes Spiel. Sie kann einfach sagen: Wir sind knapp vor der Pleite. Das macht jeder neue Firmenchef auch so.

Auch das CDU-Programm enthält keinen fundamentalen Systemwechsel. Suggeriert uns die Politik nicht Alternativen, die es gar nicht gibt?

HÄNDLER: Sie haben Recht. Ich gebe trotzdem die Hoffnung nicht auf und meine, nun lassen wir mal die anderen ran. Ich habe Angela Merkel einmal getroffen und war sehr beeindruckt. Sie ist sehr intelligent und kann zuhören. Sie springt vom Zuckerrüben-Regime zum freien Willen und zurück. Und ihr Mann ist Professor für Physikalische Chemie. Damit wäre er der erste Partner eines Regierungschefs, der wirklich was in der Birne hätte. Aber bitte – schließen Sie daraus jetzt nicht auf meine politischen Präferenzen.

In Ihren Büchern haben alle Menschen etwas Heuschreckenähnliches, sie sind gefräßig und verzehren sich selbst. Da wird einem das Programm »Befreiung des Marktes« nicht sympathisch.

HÄNDLER: Der Markt ist aber das, was die Menschen in unserer Zeit formt. Ich wüsste gern eine Alternative, aber ich sehe keine. Wobei ich im Zusammenhang mit meinen Büchern Wert darauf lege, dass das ein zweischneidiger Prozess ist. Es gibt die Möglichkeit, sich eine andere Individualität zu erschaffen. Der Markt produziert genau das Bewusstsein, das er benötigt. Die Leute sollen gut funktionieren. Wir haben keine zentralen Instanzen mehr, die Leute müssen sich selbst steuern. Wenn man sich das bewusst macht, kann man sich verändern.

In der Literatur – oder auch in der Realität?

HÄNDLER: Auch in der Realität. Der Markt steckt jedem im Hinterkopf. Aber ich sehe die Möglichkeit, über einen Bewusstmachungsprozess etwas selbst zu bauen – auch etwas Neues.

Sie beschreiben die Ökonomie als Fundamentalprinzip der Geschichte. Seit wann ist sie das?

HÄNDLER: Das Ende des Faschismus markiert den entscheidenden Einschnitt. Der Kommunismus war nur ein falsch verstandener Kapitalismus. Aber die

Ideologie des »Dritten Reiches« war völlig gegen den Ökonomismus gerichtet. Seit ihrem Ende herrscht die Ökonomie als Fundamentalprinzip.

Kann man aus den Regeln der Ökonomie heraustreten und dem Markt entkommen?

HÄNDLER: Ich fürchte nicht. Ich sehe auch keine Gegenprojekte. Auch nicht bei den Subkulturen. Aber vielleicht kann man die Dinge so verwandeln, dass man besser damit leben kann.

Ihre Bücher beschreiben die Welt als Haifischbecken. Die Menschen scheitern – und sterben.

HÄNDLER: Das Scheitern, das ich in meinen Büchern beschreibe, ist eine völlig natürliche Sache. Es gibt keine Firma, die ewig existiert. Sie hat eine Zeit lang eine bestimmte Idee, dann ist die passé, etwas anderes muss her. Das ist ein natürlicher Prozess, wie Blühen und Vergehen.

Könnte nicht das ganze kapitalistische System an einen Endpunkt kommen und Pleite machen?

HÄNDLER: Daran glaube ich überhaupt nicht. Es kann natürlich immer etwas von außen kommen, ein Meteoriteneinschlag oder eine Epidemie, das würde alles verändern. Aber aus sich heraus findet das System immer etwas, damit es weitergeht. Alles andere ist pures Wunschdenken. Auch deswegen, weil die Sache so komplex geworden ist, dass Alternativen ja fast schon »böse« sein müssen – weil man so viel Komplexität vernichten müsste.

Ist das System intelligent genug, um seine Krise zu bewältigen?

HÄNDLER: Es ist in Deutschland so intelligent, dass es keine Kindergartenplätze zur Verfügung stellt und die Menschen sich nicht mehr fortpflanzen.

Werden Sie sich beim Schreiben Ihrer Bücher bewusst, was Sie als Unternehmer tun?

HÄNDLER: Bewusst schon. Helfen tut es mir als Unternehmer nicht, ehrlich gesagt. Im Gegenteil.

Kann Literatur die Ökonomie besser beschreiben, als es die Ökonomen selbst können?

HÄNDLER: Besser bestimmt nicht. Aber das Literarische ist eine Perspektive, ohne die die Ökonomie unvollständig dargestellt bliebe. Man darf ja nicht vergessen, dass die Ökonomie erst mit ihrem totalen Sieg aus der Literatur herausgekippt ist. Nehmen Sie Italo Svevos *Zeno Cosini*, da können Sie doppelte Buchhaltung lernen; bei Balzac gibt es das Bankhaus Nucingen, da ist die ganze Geldwirtschaft enthalten. Früher war die Ökonomie Teil der großen Entwürfe. Seit dem Sieg der Ökonomie ist das vorbei.

Warum ist die Ökonomie ein Nichtthema – weil keiner über Sieger schreiben will?

HÄNDLER: Das ist ein klassischer blinder Fleck im Sinne von Luhmann. Ökonomie als solche ist total sprachlos. Sie hat kein Bewusstsein von sich selbst, nur ein Bewusstsein von den Prozessen, die sie verwaltet. Manager sind ja, und das meine ich nicht als Beleidigung, essenziell sprachlos, sie haben nur die Sprache für das, was sie tun, aber nicht für das, was sie sind. Sie brauchen nur im *Manager Magazin* die Spalte *Was macht eigentlich…?* anzuschauen. Die vergangenen Größen machen alle dasselbe: Charity, Golf spielen, Bergsteigen, und vor allem haben sie alle wahnsinnig viel zu tun.

Verschaffen Sie mit Ihrer Literatur der sprachlosen Ökonomie das Selbstbild?

HÄNDLER: So weit würde ich nicht gehen. Es gibt allerdings eine fatale Entwicklung in der deutschen Literatur: Die Ökonomie kommt ausschließlich von unten vor. Wenn ich immer nur die Sohlen sehe, die mich treten, dann weiß ich nichts über den, der auf diesen Sohlen steht. Da kann ich nie etwas verändern. Ich kann höchstens einen Nagel durch die Sohle treiben.

Letztlich können nur Leute von oben diesen Blick beschreiben – Leute wie Sie.

HÄNDLER: Gute Literatur beruht nun einmal auf Selbsterlebtem. Denken Sie an Kafka. Durch seine Versicherungstätigkeit bekam er Einblick in Fertigungsprozesse. Er hat viel von der Moderne vorweggenommen, weil er ihren Erfahrungshorizont teilte.

Alle reden derzeit von der rettenden Wiederkehr des Bürgertums. In Ihren Büchern haben die Menschen aber kein bürgerliches Bewusstsein mehr. Eine Ihrer Figuren sagt, der Mensch sei ein in Geld gewickeltes Stück Fleisch.

HÄNDLER: Das bürgerliche Bewusstsein ist in dem wirtschaftlichen Kontext, über den wir sprechen, völlig dysfunktional. Es bringt der Ökonomie nichts, der Moral nichts und der Politik auch nichts.

Derzeit werden bürgerliche Traditionen als Dichtmasse beschworen, um die Löcher zu stopfen, die der bröckelnde Sozialstaat hinterlässt.

HÄNDLER: Ich finde solche Vorstellungen und Diskurse unehrlich. Der Vater von Himmler war Schuldirektor in München. Das war ein Bürger.

Einerseits beschreiben Sie in Ihren Romanen eine Welt, in der alle zugrunde gehen. Andererseits wollen Sie als Unternehmer die kapitalistische Dynamik noch weiter entfesseln. Das ist ein tragischer Zwiespalt. Was uns rettet, zerstört uns.

HÄNDLER: Ich fürchte, so ist es. Das System produziert die Menschen, die es gebrauchen kann. Aber was ist die gangbare Alternative zu diesem System? Das meiste, was sich als Alternative gibt, ist doch die pure Heuchelei, selbst Teile des grünen Projekts sind Heuchelei. Trotzdem habe ich eine Hoffnung: Es könnte doch sein, dass sich zwischen Menschen – und zwischen den Menschen und den Dingen – eine Art von Bewusstsein bildet, von dem wir jetzt noch keine Vorstellung haben. Das wäre sozusagen eine gutmütige regulative Idee.

Träumen Sie von einem höheren Bewusstsein?

HÄNDLER: Der Witz am technischen Fortschritt

ist doch nicht, dass wir Roboter bekommen, die dann aussehen wie Sie oder ich. Der Witz ist, dass er uns verändert. Wir sind bei den informationsverarbeitenden Technologien noch in der Steinzeit. Am Ende werden dabei andere, höhere Formen von Bewusstsein herauskommen. Wir Heutigen sind die Kreaturen des Übergangs. Das Bewusstsein nach uns wird auf unserer Asche Sackhüpfen spielen.

Das Gespräch wurde im Juni 2005 geführt.

Camille de Toledo

Die Toleranz der Goldfische

Oder: Warum ertragen wir die kapitalistische Hässlichkeit?

Und wenn wir jetzt einfach aufhörten, den Kapitalismus als ungerecht zu kritisieren, und ihn stattdessen als hässlich verurteilen? Wenn Sehen, Hören und Schmecken nicht mehr hinter dem neuesten Trend herliefen und stattdessen das Unschöne, die Vulgarität des Marktes wahrnähmen, der die Sinne gängelt? Könnte man sich nicht vorstellen, dass die Obszönität, die Unanständigkeit der Weltwirtschaft und das Verlangen, worauf sie gründet, als ästhetisch nicht mehr erträglich bewusst werden?

Betrachten wir doch ein paar belanglose kleine Alltagsszenen des Kapitalismus am Beginn unseres Jahrhunderts: eine gedämpfte Verhandlung zwischen Finanzministern, die ermüdende Pressekonferenz eines Präsidenten der Zentralbank, eine die Ausgaben betreffende Jahresversammlung des Weltwährungsfonds, die Nominierung eines hohen Beamten der Weltbank; außerdem einen Londoner Börsenmarkt, ein Erster-Klasse-Abteil in einem Zug zwischen Paris und Lyon um sieben Uhr morgens, eine lange Reihe von Bankern mit Schlips und Kragen in Frankfurt, die mit spitzen Fingern einen Bagel essen, und nachmittags den artifiziellen Elan, mit dem ein Jungunternehmer in einem Flughafen auf den Dutyfree-Shop zustrebt, um Parfum für seine Frau zu kaufen, die im selben Moment das Radio ihres Großstadtgeländewagens abschaltet und einem strategischen Briefing im 14. Stock ihrer Firma entgegeneilt, wobei sie sich ihre hohen Absätze abbricht …

Welche Größe? Welches Ideal? Kaum haben wir diese kleinen Szenen des Transits, des Geldflusses, des Tauschs, des Entscheidens erwähnt, schon überkommt uns, je nach Laune, ein trauriges Lachen oder tiefer Ekel. Wir spüren voller Bitterkeit, dass in jeder dieser Handlungen die ganze Nichtigkeit, die ganze Dummheit, die ganz Leere der heutigen Zeit konzentriert ist. Wie bei den Leuchtschriftbändern am Times Square sehen wir über ihnen die endlose Liste der sie steuernden makroökonomischen Indizes blinken. Jedes Mal, wenn sie auftauchen – auf Fotos, im Fernsehen, im Kino –, erinnern sie uns daran, dass die Menschheit besiegt ist oder, zeitgemäß ausgedrückt, dass die Maschine im Menschen triumphiert. Auf den Gesichtern dieser Automaten erkennen wir die Leidenschaft der Besessenen, die großspurige Freude einer ohnmächtig gewordenen demokratischen Macht, das von Eitelkeit, Neid, den »Kräften des Marktes« gebändigte, abgerichtete, erzogene Verlangen und, allgemeiner, ein ganzes Netz von Akteuren, die von der ökonomischen Dramaturgie überrollt wurden, zu deren Aufbau sie einst selbst beigetragen hatten, und dennoch weiterhin überzeugt sind, sie neu verhandeln oder sogar anfechten zu können. Ihr Treiben, ihr Getue, ihre Grimassen erregen unser Mitleid, über ihre Absichten müssen wir lächeln, während wir das monumentale Werk, die WTO, ihre Regeln, ihre Verfahrensweisen betrachten wie in ein Spinnennetz geratene Mücken oder, genauer gesagt, wie Goldfische in einem Glas, in dem der Sauerstoff ausgegangen ist.

Da zwei Jahrhunderte industrieller Revolution nicht ausgereicht haben, uns klar zu machen, dass der Kapitalismus seinem Wesen nach ungerecht und zerstörerisch ist, werden wir vielleicht dies verstehen, nämlich dass der Kapitalismus hässlich, abstoßend hässlich ist: So eine von Generation zu Generation, von der Vorschule bis zur Universität beharrlich wiederholte Botschaft könnte uns am Ende vielleicht vom makabren Programm des Akkumulierens abbringen. Nach einigen Jahrzehnten würden sich so viele angewidert von der abscheulichen Ökonomie des Sparens, des Eigentums, der Flughäfen, der Dutyfree-Shops, der Großstadtgeländewagen abwenden, dass nichts anderes übrig bliebe als eine Umgestaltung unserer Tauschprinzipien dank einer schlichten Schlussfolgerung: Der Kapitalismus ist hässlich, die Menschheit ist schön, das sind folglich zwei ganz unvereinbare Kategorien.

Dann würden sich die Menschen wie in der Renaissance darum bemühen, »einen besseren Menschen aus sich zu machen«, wie Montaigne sagt, anstatt die Wirtschaftsstruktur zu verbessern, von der sie beherrscht werden. Handel und Ware würden vom Thron herabsteigen und in die Reihe zurücktreten. Das Radebrechen der Kommunikation würde einem freundlichen, klugen Gespräch weichen. In der Tauschhierarchie würde die Unentgeltlichkeit – so wie heute beim Downloaden von MP3-Dateien – die alte Ordnung des Eigennutzes und des Profits umstoßen. Anders gesagt, die Maschine im Menschen wäre besiegt, und Schönheit und Eleganz hätten endlich den Vorrang.

Was ist an der Hässlichkeit nur so anziehend, dass es einer solchen Renaissance entgegensteht? Welcher Charme, welche Verlockung lähmt uns? Warum wählen wir weiter Regierungen, die uns missachten? Warum sind wir bereit, unsere Ersparnisse Börsenmärkten anzuvertrauen, die uns keine Beachtung schenken? Und warum macht es uns so viel Spaß, im Dutyfree-Shop Parfum zu kaufen?

Es ist nun einmal so, dass in jedem von uns ein für diese Epoche produzierender, arbeitender, handelnder Kapitalist und ein Künstler koexistieren. Der Künstler in uns tröstet sich über die existenzielle Leere hinweg, indem er eine Vergangenheit beweint, die nicht mehr ist, oder eine Zukunft, die sein könnte. Diese Schizophrenie – zwischen einem Maschinenwesen, das an der Börse spielt und von Geldfluss zu Geldfluss, von seinem Fernseher zu seinem Laptop wechselt, das seinen Narzissmus mit ein paar protzigen Einkäufen befriedigt, und einem Menschenwesen auf der Suche nach Sinn, Erfüllung, das in der Natur, in Büchern und Künsten einen Rest Schönheit und Harmonie finden möchte –, eben diese Schizophrenie ist die Hauptkomplizin des Kapitalismus. Sie dient seinem Paradox: der freiwilligen Knechtschaft eines jeden in einer kollektiv freien Wirtschaft.

Statt eine Renaissance herbeizuführen – eine Rückbesinnung auf das, was den Menschen ausmacht, die Sprache, das Lachen, die Erkenntnis, das künstlerische Empfinden –, vertiefen wir diese Schizophrenie und sympathisieren mit ihr. Auf die Arbeitsteilung folgt nun eine Teilung des Menschen, ein Doktor Jekyll & Mister Hyde, wobei der Erste sklavisch die Welt genießt, während der Zweite einen Ausweg, mehr noch, eine Befreiung sucht.

Wenn wir zu unseren kleinen Szenen vom Anfang zurückkehren – die Führungskräfte essen einen Bagel, die Minister drücken sich die Hand, die Frauen sind bei ihrem strategischen Briefing, die Präsidenten der Zentralbank kämpfen gegen die Inflation, und abends, zu Hause, mit abgeschaltetem Handy, wenn die Stille einer klaren Nacht sie umfängt, müssen sie wählen: Manche machen Yoga, andere schalten den Fernseher ein, schlucken Pillen, sehen sich Familienalben an, aber alle fliehen die Leere, die Einsamkeit, alle wollen der Qual einer an die Produktion und den Konsum von Waren vergeudeten Existenz entrinnen ... bis es am nächsten Morgen weitergeht.

Dieser Kreislauf von Hässlichkeit und Flucht ist die Hauptsäule des heutigen Kapitalismus. Dank ihm stehen jeden Morgen Millionen von kleinen Marktsoldaten auf, um zur Arbeit zu gehen. Dank ihm erträgt der Mittelstand die Bürde seines Alltagslebens. Und der Händler, der Unternehmer, der Konsument, die Hausfrau, der Arbeiter, alle fliehen nach vorn, Woche um Woche, und klagen über ihre Ohnmacht, den Gang der Dinge zu verändern, so als wären die Struktur, die Komplexität der Weltwirtschaft schicksalhaft.

Wie kann man gegen diese Zwangsläufigkeit des Hässlichen kämpfen? Wie kann man erreichen, dass der Künstler über die Maschine obsiegt? Es gibt keine kollektive (demokratische, europäische, soziale) Antwort auf die Obszönität, die Unanständigkeit der Wirtschaft; würde eine leise Vorhaltung denn genügen? Eine innere Stimme, die einem zum Beispiel Folgendes sagen würde: Sieh doch, wie die Sorge um den Markt, den Profit, das kapitalistische Überleben dich hässlich und fett macht! Sieh doch, wie sehr die Modernität, der Fortschritt dich entstellen. In dir selbst eine Revolution zu vollziehen, eine Revolution im Menschen, das wäre schön.

Aus dem Französischen von ULI AUMÜLLER

Robert Menasse

Kassandras letzter Ruf

Wenn der Mensch nur noch den Gesetzen des Marktes gehorcht, beginnen Elend, Krieg, Tod. Warum will das keiner hören? Eine literarische Fantasie

Die ZEIT an Robert Menasse: »Wir bestellen: 1 x Kapitalismuskritik, in maximal zehntausend Zeichen, inklusive Leerzeichen.«

Menasse an die ZEIT: »Hier meine Kapitalismuskritik: ›Dass sich Kapitalismuskritik in zehntausend Zeichen erschöpft, hätte der Kapitalismus gerne. Alleine dies begründet die Notwendigkeit, ihn im Fortschritt des Bewusstseins von Freiheit (auch der Kritik) zu überwinden.‹ Den Rest der Seite bitte auffüllen mit Leerzeichen! Im Anhang meine Kontonummer für das Honorar.«

Die ZEIT an Robert Menasse: »Ihre Grundidee ist natürlich überzeugend. Schlagen aber vor, Ihre Kritik vom Kopf auf die Füße zu stellen: Wir ersetzen Ihren Satz durch Leerzeichen und die Leerzeichen durch Zeichen, die wir von Ihnen bis übermorgen 17 Uhr gerne erwarten.«

Robert Menasse an die ZEIT: »Dass Kapitalismuskritik Zeichen setzen soll, die gleichbedeutend und austauschbar mit Leerzeichen sind, begründet einmal mehr die Notwendigkeit, den Kapitalismus zu überwinden. Im Übrigen beneide ich Sie um Ihr Vertrauen in Übermorgen und dass Sie gerne erwarten, was kommen soll. Ich bin kein Prophet. Aber ich sehe schwarz.«

Die ZEIT an Robert Menasse: »›Ich bin kein Prophet. Aber ich sehe schwarz‹ ist ein sehr guter Anfang. Sie haben noch 9058 Zeichen frei!«

Ich bin kein Prophet. Aber ich sehe schwarz. Seit ich die Frau mit den schwarzen Augen gesehen habe, die Prophetin, während meines Urlaubs im vergangenen Sommer in Griechenland, just als die Olympischen Spiele stattfanden. Ich hatte in Athen ein Zimmer in einer kleinen Pension gefunden, die hieß: »Pension Klytemnestra. Zimmer mit Bad«. Die Nachmittagshitze war unerträglich, ich lag mit einem Buch, mehr dösend als lesend, in meinem Zimmer auf dem Bett, neben einem großen Ventilator, immer wieder blätterte der Wind die Seiten um, so kam ich mit dem Buch weiter, auch wenn ich gerade nicht las. *Am I A Liberal?* von John Maynard Keynes. »Meine Tragik besteht darin, dass meine Thesen immer dann ignoriert werden, wenn sie am dringendsten nötig wären.« Der Ventilator schlug die Seite um. Ich ging ins Bad. Ich bekam Beklemmungen: Plötzlich färbte sich alles rot, der Wasserstrahl, der Duschvorhang, die Duschtasse – die Sonne ging unter.

Ich lief hinaus, durch die Stadt. So viele Zeichen. Aus Stein. Sie erzählen Geschichten aus der Geschichte. Aber ich konnte sie nicht lesen. Trümmer, als hätte eine unfassbare Macht all diese behauenen Steine fliegen und durcheinander stürzen lassen. Was war das? Ein zerstörter Tempel, ein verwüsteter Friedhof?

Ein Standbild der Pallas Athene, sie hat den Kopf zur Seite gedreht. Daneben kroch eine Frau zwischen den Trümmern hervor. Staub lag wie ein Schatten auf ihrem bleichen Gesicht und dem weißen Totenhemd. Ihre Lider wie harte schwarze Deckel, ihr Mund wie von Gift verbranntes Fleisch.

Aus der Höhle stieg Rauch, nebelte sie ein wie einen Popstar auf der Bühne. »Ich bin Kassandra!«, rief sie. Kassandra? Wer sich an ihre Schönheit erinnern konnte, musste Furcht und Mitleid empfinden, aber: Wer erinnerte sich? »Ich bin Kassandra!«, schrie die Bettlerin. Sie war doch eine Bettlerin. Was sonst?

»Kassandra ist tot!«, antwortete niemand. Wer kann sich schon erinnern an ihre Geschichte? »Was ich sehe, lebt!«, sagte sie dennoch.

Touristen fotografierten. Sie lachten. Ein unüberschaubares Heer von Polizisten, Militärs und Geheimdienstleuten garantierte die Sicherheit Griechenlands während der »Spiele«, in der Luft kreisten Helikopter, zogen Kampfflugzeuge ihre Schleifen. Die helle Schönheit der Kondensstreifen im blauen Himmel. So dunkel Kassandra. Und sie sprach dunkel. »Ich sehe einen großen Krieg«, sagte sie. »Ich sehe Millionen Menschen zugrunde gehen, aufgrund einer Logik, die deshalb entmenscht ist, weil sie die Bedürfnisse der von den Menschen produzierten Verhältnisse wichtiger nimmt als die Bedürfnisse der Menschen selbst. Die Bedürfnisse der Verhältnisse sind komplex, die der Menschen simpel. Liegt darin das Problem?«

»He! Schau mal da her, Alte!«, rief ein Tourist mit angelegtem Camcorder.

Kassandra sprach so schön, so dunkel klar, in einer toten Sprache:

»Elend und Vernichtung jedenfalls beginnen unscheinbar in dem Moment, da Menschen ernstlich Begriffen wie Systemlogik, Marktlogik oder Sachzwänge zu gehorchen versuchen. Ich sehe, wie dies passiert. Aus dem Unscheinbaren wird Anscheinendes, dann mit mörderischer Konsequenz Wirkliches. Krieg. Sachlich: Modernisierung, menschlich: Tod. Und dann sehe ich die Konsequenzen, die aus den Erfahrungen mit diesem Krieg und der Entwicklung, die zu diesem Krieg geführt hat, gezogen werden. Es sind keine richtigen Konsequenzen, weil sie nicht wirklich konsequent sind, nicht so konsequent wie der Geschichtsverlauf zuvor, aber es sind auch keine falschen, weil sie zwar nur das Minimum, aber doch das Minimum der richtigen Konsequenzen darstellen: Das, was geschehen ist, soll nie wieder geschehen können! Auf der ganzen Welt denken die besten Köpfe darüber nach, wie dies bewerkstelligt werden könne. Ich sehe sie vor mir, kann lesen, was sie vorschlagen – nichts, was zuvor unantastbar schien, bis es in die Katastrophe führte, scheint nun heilig, deshalb werden wir diese Zeit als heilig bezeichnen müssen! Sogar in den USA wird die zumindest partielle Einführung der Planwirtschaft diskutiert – He! Hört zu!«

Die Menschen hörten nicht auf zu fotografieren, zu lachen. »English?«, rief sie. »Versteht ihr nur English? Könnt ihr haben! Think Tank! Bill of Rights! Global Order! Es wird ein Think Tank gegründet, dem sieben Ökonomen von der berühmten Universität Harvard angehören, um eine neue Bill of Rights auszuarbeiten. Dieser Think Tank nennt sich National Ressources Planning Board, trägt also den Begriff Planung bereits im Namen und erklärt in der Präambel seiner ersten Stellungnahme: Das alte Ideal des Laisser-faire kann nicht länger gewährt werden … Es wird in immer höherem Maße irgendeine Art von Planung und Kontrolle geben müssen! Ohne Revolution werden Begriffe wie Umverteilung, soziale Gerechtigkeit, Vollbeschäftigung, Wohlfahrt und sogar Grundsicherung zu selbstverständlichen Parametern der Politik, die Einsicht in die Notwendigkeit von Entwicklungshilfe wird so selbstverständlich wie das morgendliche Zähneputzen der Menschen in den Industriestaaten. Die schrittweise politische Herstellung globaler ausgleichender Gerechtigkeit wird nationale Priorität in so vielen

Staaten, dass der Begriff national zu versickern beginnt. Ich sehe, wie große internationale und übernationale Institutionen entstehen, die diese Entwicklung sozial-, wirtschafts-, währungs- und handelspolitisch abzusichern und planmäßig weiterzutreiben versprechen. Das ist das Minimum des Wünschenswerten – aber dazu bedürfte es eines großen Krieges!

He! Hört zu! Ich fantasiere nicht. Diesen Krieg hat es gegeben. Erinnert euch! Diesen Krieg hat es gegeben! Ihr alle hier habt nach diesem Krieg gelebt! Die Konsequenzen, die aus diesem Krieg gezogen wurden, sind wirklich gezogen worden. Alle Chancen, die ihr in eurem Leben hattet, so ihr welche hattet, sind diesen Konsequenzen zu verdanken. Aber jetzt hat sich der Nebel der Geschichte darüber gelegt, und das Gewesene, das in diesem Nebel verschwindet, steigt nun hervor wie ein Orakel aus dem Rauch, als unklare Kontur einer sich abzeichnenden Zukunft. Der Satz, dass die Zukunft auch nicht mehr ist, was sie einmal war, etwas Lichtvolles, etwas Erstrebenswertes, ist genauso richtig wie das Gegenteil: Die Zukunft ist, was einmal war. Nicht befreiend, sondern befreit von den Lehren, die schon einmal gezogen waren. Hört zu! So hört doch zu! Stellt euch vor, Anfang der dreißiger Jahre des 20. Jahrhunderts hätten selbst Antifaschisten gesagt: ›Der Faschismus ist unaufhaltsam, die Entwicklung geht mächtig und eindeutig in diese Richtung. Unsere Aufgabe ist es daher, diese Entwicklung mitzutragen und uns für diese Zukunft fit zu machen!‹ – würden wir heute diesen Pragmatismus (der doch zweifellos Recht hatte) bewundern oder nicht vielmehr diese Willfährigkeit verachten? Die Antwort ist: In Sonntagsreden verachten, in der Praxis nacheifern! Alle Errungenschaften der zweiten Hälfte des 20. Jahrhunderts, alle Lehren, die aus dem großen Krieg gezogen worden waren, werden jetzt abgebaut, zerstört, preisgegeben oder in ihr Gegenteil verkehrt – weil eine unaufhaltsame, machtvolle Entwicklung (wer macht sie denn? Systemlogik! Sachzwänge!) es so will. Als Führungsmacht, als wegweisend gilt nicht der weitestentwickelte Sozialstaat, nicht der Kontinent der sich vereinigenden Wohlfahrtsstaaten, sondern die Nation mit den höchstentwickelten Waffensystemen. Diese Rückkehr in die Vorkriegsordnung wird als Ende der Nachkriegsordnung gefeiert. Alleine diese Formulierung zeigt, wie alle Selbstreflexion in Europa zu Selbstbetrug, moralisch zur Heuchelei wurde.

Es muss gespart werden – erklären die Reichsten. Und das Wachstum muss angekurbelt werden – durch Kürzungen. Und der Standort muss gesichert werden – durch die Entlassung und Vertreibung derer, die an dem Standort leben und arbeiten. Glück? So, wie es produziert und beliefert wird, ist es nichts – als die Produktion von Dummheit mit technischer Intelligenz als Mittel. Hört zu! So hört mich doch an!«

Die Touristen haben fotografiert. Die Stadien füllen sich. Die Spiele. Römisch-griechisches Ringen unter militärischem Schutz.

»Je größer die Produktion von gesellschaftlichem Reichtum«, so Kassandra, »desto besser funktioniert die Planwirtschaft: als planmäßige Umverteilung von unten nach oben.« In der herabschwebenden Dunkelheit blitzt weiß das alte Weib: »Wohin das führen wird? Na, wohin! Alle, die heute mitmachen, werden dereinst auch wieder mitmachen, wenn es heißt: Dies soll nie wieder geschehen dürfen!«

Seither habe ich keinen anderen Gedanken mehr, immer nur diesen Gedanken, wenn ich sehe, was ich sehe: Alle, die heute mitmachen, werden dereinst auch wieder mitmachen, wenn es heißen wird: »Nie wieder!«

Kassandra ging zurück in ihre Höhle, noch einmal sterben. Ich ging zurück ins Hotel, dösen, lesen. »Auch mir hat Apoll in den Mund gespuckt!« (Keynes). Schon schlug der künstliche Wind die Seite um. Eines Tages werden Steine schweben und Worte kein Gewicht mehr haben.

Jens Jessen

Fegefeuer des Marktes

Der neue Kapitalismus ist zu einer Weltanschauung geworden. Er begnügt sich nicht mehr mit der Wirtschaft. Er will unser Leben und Denken beherrschen.

Der Kapitalismus hat sein Gesicht verändert. Weit scheint heute die Zeit des Jubels von 1989 zurückzuliegen, als der Zusammenbruch des sozialistischen Lagers allgemein wie ein Triumph der freien Marktwirtschaft gefeiert wurde. Nur der konservative Soziologe Niklas Luhmann, gewiss kein Nostalgiker des Sozialismus, wollte damals von keinem Sieg sprechen: Er meinte, man könne allenfalls und höchstens die Formulierung wagen, dass der Sozialismus früher als der Kapitalismus zusammengebrochen sei.

Über die prophetische Qualität seiner Äußerung wird man mit Luhmann, der unterdes gestorben ist, nicht mehr streiten können. Fest steht allerdings, dass die Zustimmungsraten für den Kapitalismus überall auf der Welt, und selbst in seinen westlichen Ursprungsländern, dramatisch gesunken sind. Fest steht auch, dass er längst nicht mehr als ein Problem allein von Linken behandelt wird. Sämtliche Autoren, die wir zur »Zukunft des Kapitalismus« befragten, ob Wissenschaftler, Philosophen oder Schriftsteller, ob aus Europa, Amerika oder der Dritten Welt, ob Konservative, Liberale oder Linke, waren sich darin einig, dass der Kapitalismus, der dem Westen Jahrzehnte märchenhaften Wohlstandes beschert hat, heute nur mehr als Bedrohung wahrgenommen werden könne.

Auch der Unternehmer sieht sich als Opfer des Systems

Selbst die Wirtschaftsführer, die in den Talkrunden des Fernsehens sorgenvoll ihr Haupt wiegen, beteuern glaubwürdig, dass sie dem System des freien Marktes ausgeliefert und in ihren Entscheidungen ohne Spielraum seien. Sie wollen keine Massenentlassungen vornehmen, aber die Kapitalrendite fordere es; sie wollen keine Arbeitsplätze ins Ausland verlagern, aber die Konkurrenz erzwinge es; sie wollen Firmen weder schließen noch ausweiden, aber die Börse mit ihrem unerbittlichen Blick auf den Aktienkurs mache es leider unausweichlich.

Das ist ein erstaunlicher Umstand. Die Beschreibung des Kapitalismus als System unausweichlicher Zwänge war in der Vergangenheit stets Sache der linken Kapitalismuskritik. Was bringt Unternehmer heute dazu, die marxistische Fremdbeschreibung als Selbstbeschreibung zu benutzen? Ist es nur ein rhetorischer Trick, um die persönliche Verantwortung an das System zu delegieren? Oder beginnen sie sich selbst als Opfer jener Entfremdung zu fühlen, die darin besteht, stets etwas anderes tun zu müssen als das, was man eigentlich will?

Der Jenenser Sozialphilosoph Hartmut Rosa hat kürzlich eine Minimaldefinition des klassisch marxistischen Entfremdungsbegriffs vorgeschlagen, die unsere gegenwärtige Situation recht gut trifft: Jeder, der sich auf dem kapitalistischen Markt bewegt, fühlt sich für sein Überleben zu etwas gezwungen, das er jenseits des Marktes niemals anstreben würde. Niemand will die Umwelt zerstören, aber die Notwendigkeit, Produktionskosten zu senken, zwingt ihn dazu; jeder will, dass den Verlierern der Gesellschaft geholfen wird, aber die Notwendigkeiten, Sozialkosten zu senken, bringt den Staat dazu, sie auszugrenzen; alle leiden unter der hysterischen Abfolge technologischer Neuerungen, aber der Wettbewerb zwingt die Produzenten dazu, ständig neue Waren herzustellen.

Dieses Sinken der Handlungsspielräume gegen null war nun aber gerade das klassische Argument der linken Systemkritik. Eben darum wollte sie das System als Ganzes gestürzt sehen, weil mit gutem Zureden, sozialdemokratischen Reformen und moralischen Appellen gegen seine Gesetzmäßigkeiten nichts auszurichten sei. Ein guter Marxist wusste stets, dass der Unternehmer kein schlechter Mensch ist, sondern einer, der nicht anders handeln kann, als es das System verlangt.

Die traditionellen Verteidiger des Kapitalismus dagegen haben stets diesen Systemcharakter bestritten, die Rede von unausweichlichen historischen Prozessen war ihnen nichts als eine wacklige geschichtsphilosophische Konstruktion. Niemals hätten sie behauptet, dass aller politischer Wille und alle politische Moral vor der kapitalistischen Eigenlogik kapitulieren müssten.

Und heute? Was ist geschehen, dass Sozialdemokraten, deren historisches Verdienst immer die Zähmung des Kapitalismus war, inzwischen meinen, er sei ein System, das sich nicht mehr zähmen ließe? Was hat den neuen Kapitalismus in einer Weise verändert, dass er selbst von seinen Anhängern und Profiteuren als Zwang erlebt wird?

Es ist die Globalisierung. So lautet die allgemein akzeptierte, bei näherer Betrachtung jedoch recht merkwürdige Antwort. Denn Globalisierung in diesem Zusammenhang meint nichts anderes als die Ausweitung der Marktkonkurrenz über den nationalen Rahmen hinaus auf die Welt. Die billigsten Produzenten eines reichen Landes konkurrieren mit den noch billigeren Produzenten der armen Länder. Das heißt aber zunächst nur: Der Kapitalismus ist gewachsen. Konnte er dadurch allein schon sein Gesicht verändern? Oder bedeutet der Umstand seiner Ausweitung auf die unterentwickelten Länder, dass er als Ganzes in eine frühe Entwicklungsphase zurückgefallen ist, die der klassischen marxistischen Beschreibung wieder entspricht?

Nehmen wir einmal an, der Kapitalismus sei wirklich ein System, das alles, was es den Menschen bringt, unausweichlich bringt – dann sähe es um seine Zukunftschancen schlecht aus. Denn es ist nicht anzunehmen, dass die Bürger in den entwickelten Ländern, die den Kapitalismus schon einmal gezähmt haben, seine Regression in den ungezähmten Zustand widerstandslos hinnehmen werden. Die Gründung einer deutschen Linkspartei jenseits der Sozialdemokratie ist nur das erste Zeichen eines politischen Unwillens, der in Kürze leicht vorrevolutionäre Formen annehmen könnte.

Nehmen wir aber umgekehrt an, der Kapitalismus sei gar kein System und seine Zumutungen seien alles andere als zwangsläufig – was dann? Dann wäre die Rede von Systemzwängen offensichtlich bloße Ideologie, verwandt der kommunistischen Propaganda, nur dass sie diesmal von den Verfechtern des freien Marktes und durch das Kapital selbst vorgetragen wird, zur Einschüchterung der Gesellschaft und dauerhaften Erhöhung der Profitraten.

Marktgesetze sollen wie Naturgesetze gelten

Diese Möglichkeit mag auf den ersten Blick als naiver Verdacht wirken. Sie hat aber einige überraschende Indizien für sich. Zu ihnen gehört vor allem der weltanschauliche Überschuss, mit dem die neuen Ideologen auftreten. Bei ihrem Versuch, die Marktwirtschaft gegen jede Form der Kritik zu immunisieren, gehen sie nämlich noch einen charakteristischen Schritt über Marx hinaus, indem sie das Prinzip der Konkurrenz quasi als Naturgesetz behandeln.

Die Regeln des freien Marktes sind ihnen keine Regeln, die sich die Gesellschaft gegeben hat (und also auch wieder nehmen könnte), sondern ewige Kräfte, vergleichbar der Schwerkraft, gegen die aufzubegehren sinnlos ist. Ein Land, das in seinem Inneren den Wettbewerb einschränkt, wird dafür den Wettbewerb zwischen den Ländern verlieren.

Nach diesem Muster erklärt der neue Ökonomismus sämtliche Gesellschaftsphänomene, selbst in der Kultur (Aufstieg und Abstieg von Kunstgattungen) und in der Bildung (Untergang des altsprachlichen Gymnasiums). Mit anderen Worten: Das Unterfutter der neuen Marktideologie bildet ein Darwinismus einfältigster Sorte. Die Entwicklung der menschlichen Kultur vollzieht sich in dieser Perspektive unsteuerbar wie die Evolution.

Eine solche Behauptung ewiger Gesetze, nach denen sich die Zukunft vorhersagen lässt, ist nun freilich nach der klassischen Definition Hannah Arendts das wesentliche Kennzeichen aller totalitären Bewegungen. Sie entbinden von jeder Form moralischer Abwägung; denn wer nach diesen Gesetzen Opfer und wer Sieger sein wird, steht von Anbeginn fest. Der Untergang der zum Untergang Verurteilten (der am Markt Schwächelnden) kann nicht verhindert, er kann nur beschleunigt werden, so wie die Nationalsozialisten den Untergang angeblich schlechtrassiger Völker und die Bolschewisten den Untergang so genannter absterbender Klassen beschleunigen wollten.

Dieser Wille zur Beschleunigung ist ein weiteres Merkmal der neokapitalistischen Ideologen, das sie mit den totalitären Bewegungen der Vergangenheit teilen. Sie wollen keineswegs zusehen, wie sich das siegreiche Beispiel der westlichen Wirtschaftsweise von selbst über die Welt ausbreitet, vielmehr soll es durch erpresserisch angetragene Freihandelsabkommen, in Fällen besonders störrischer Länder auch durch Krieg, vorangebracht werden. Nichts war dafür bezeichnender als das Triumphgeheul, das amerikanische Medien angesichts von Transistorradio hörenden, Coca-Cola trinkenden und Kaugummi kauenden Afghanen anstimmten; es schien für einen Augenblick, als sei der ursprüngliche Kriegszweck, die Befreiung von einem Terrorregime, vollkommen verblasst hinter dem Sieg westlicher Konsumkultur.

So schien es aber nur. Denn für die kapitalistische Ideologie ist tatsächlich die Befreiung der Afghanen schon mit jenen Produkten gekommen, die dem Volk ehedem versagt waren. Denn auch dies verbindet den neuen Ökonomismus mit einer totalitären Bewegung: dass er natürlich nicht nur Zumutungen und Härten, sondern auch eine Verheißung am Ende aller Zumutungen predigt. Seine Verheißung von Freiheit, Demokratie und Wohlstand wird allerdings keineswegs allen Menschen versprochen, sondern nur solchen, die sich dem wirtschaftlichen Programm unterwerfen, das als Quelle der Glücksgüter gilt.

Diese Verbindung des Ewigen mit dem Zufälligen, der universalen Menschenrechte mit dem Partikularen einer modernen Wirtschaftsweise, und die Ausblendung des historischen Vorlaufs, den die Idee der Demokratie vor dem Kapitalismus beanspruchen kann, kennzeichnet (wie alle Verbiegungen der Wahrheit) ebenfalls den ideologischen Charakter des Ökonomismus. Er hat sogar zu behaupten versucht, dass der Kapitalismus für sich schon eine demokratische Einrichtung sei, insofern der Konsument bei jedem Einkauf an der Ladenkasse abstimme und sich der Markt daher schon aus Eigeninteresse keine Diskriminierung leisten könne.

Die souveräne Ausblendung des Umstands, dass der Kapitalismus bisher auch in Diktaturen blendend gedieh und vom Apartheid-Regime in Südafrika nicht ernstlich behindert wurde, zeigt vielleicht am deutlichsten, dass es hier nicht um Empirie, sondern um Demagogie geht. Die Behauptung, dass Volksherrschaft schon durch Konsum bestehe, ist nicht weit entfernt von jenen bolschewistischen Argumentationen, nach denen Parlamentarismus und Rechtsstaat überflüssige Zutaten seien, weil wahre Volksherrschaft schon im Volkseigentum verwirklicht sei.

Und in der Tat begnügt sich auch die Propaganda des Bush-Regimes, die den Demokratie-Export predigt, keineswegs mit der Errichtung demokratischer Institutionen – jedenfalls nicht, solange diese nicht im Sinne des ungezügelten Wettbewerbs entscheiden. Der amerikanische Versuch, alles ehemals staatlich Organisierte und Kontrollierte für den freien Handel zu öffnen, einschließlich Bildung, Wasserversorgung und Infrastrukturen des Verkehrs, beweist, worum es tatsächlich geht: um ein Imperium, das der ganzen Welt sein Abbild aufzwingen will, nicht nur die Demokratie, sondern auch seine Lebens- und Wirtschaftsweise.

Der Kampf der Privatwirtschaft gegen den Staat

Auch darin ist der neue Kapitalismus eine totalitäre Bewegung, dass er nicht zur Ruhe kommen kann oder will, ehe er nicht die ganze Welt erfasst und alles in private Hände gelegt hat, was ehedem noch der staatlichen oder bürgerschaftlichen Kontrolle unterworfen war. Dieser rasende Wille zur Selbstreproduktion und Einebnung aller Unterschiede steht geradezu im Zentrum von Hannah Arendts berühmter Untersuchung über *Elemente und Ursprünge totaler Herrschaft* (1955). Dazu gehört die eigentümliche Staatsfeindlichkeit totalitärer Ideologien, die sich nicht zufällig lieber als Bewegung denn als Partei verstehen. Alles irgend durch Regeln Gebundene, Kontrollierbare und darum Statische muss verdampfen vor dem dynamischen Prinzip der Bewegung. Alles Individuelle, Traditionsbestimmte, kulturell Besondere und Widerständige soll durch den Kapitalismus wie durch ein reinigendes Fegefeuer, an dessen Ende die eine, gleichförmige und erlöste Welt steht.

Das Missliche, selbst für gläubige Anhänger, besteht freilich darin, dass niemals gesagt werden kann, wann die Bewegung ihre Erfüllung gefunden hat. »Diejenigen, die losmarschieren, um der Welt ihr Abbild aufzuzwingen, werden nicht zufrieden sein mit einem minderwertigen Porträt. Die fehlerhafte Wiedergabe ihrer selbst wird sie ermuntern, die Kopie zu zerreißen und noch einmal von vorne anzufangen«, schreibt der indische Schriftsteller Amitav Ghosh in seinem Beitrag, und man könnte mit Hannah Arendt fortfahren: »Der durch nichts begrenzte Prozess einer ewigen Machtakkumulation, der die Expansion um der Expansion willen ermöglicht und dauernd neu speist, braucht ständig neues Material, um sich zu erneuern und nicht in den Stillstand zu geraten.« Oder wieder mit Amitav Ghosh: »Die Verbindung aus Kapitalismus und Imperium bedeutet ein Programm des permanenten Krieges – jener Vorstellung, an der sich einst die Trotzkisten berauschten und die sich nun jene Neokonservativen aufs Neue zu Eigen machen, die das Projekt für das neue amerikanische Jahrhundert ersonnen haben.«

Es geht übrigens, wenn man dem Prinzip totalitärer Herrschaft weiter folgen will, auch gar nicht um Erfüllung der Ziele, sondern um das Element steter Unsicherheit, das die Menschen zuverlässig von abschließender Urteilsbildung und also etwa widerständigem Handeln abhalten kann. Hierin liegt der Grund für die eigentümliche Kulturfeindlichkeit des neuen Kapitalismus, der überall die intellektuellen und potenziell kritischen Formen der Hochkultur zugunsten einer dumpfen Massenunterhaltung unterbinden möchte (angeblich, weil die Hochkultur nicht konkurrenzfähig sei). »Die konsequente Unterdrückung aller höheren Formen geistiger Aktivität durch die modernen Massenführer« hat jedoch nach Hannah Arendt »tiefere Gründe als die natürliche Abneigung gegen das, was man nicht versteht. Totale Beherrschung kann freie Initiative in keinem Lebensbereich erlauben.«

Ganz ähnlich hat der amerikanische Soziologe Richard Sennett in diesem Buch die Lähmung jeden selbstständigen Handlungsimpulses beschrieben. »Die neue Unsicherheit ist keineswegs nur eine unerwünschte Folge der unsteten Märkte; sie ist in den neuen Kapitalismus einprogrammiert. Sie ist kein ungewolltes, sondern ein gewolltes Element.« Mehr noch: Sie ist tief in die Organisationsstruktur moderner Unternehmen, mit ihren flachen Hierarchien und ständigen Wechseln in der Führungsebene, eingelassen. »Die dauernden Säuberungen, das plötzliche Auf und Ab der Berufskarrieren verhindern jedes Sicheinarbeiten, jede Entwicklung zuverlässiger Berufserfahrung« – schreibt nun aber nicht mehr Richard Sennett über den neuen Kapitalismus, sondern wieder Hannah Arendt, nämlich über die Sowjetbürokratie unter Stalin.

Flache Hierarchien als Element totaler Herrschaft

Der Nutzen einer solchen Struktur, in der es »zwischen der obersten Instanz, dem Führer, und den Beherrschten keine zuverlässigen Zwischenschichten gibt«, liegt auf der Hand: Durch das »Fehlen jeder gesicherten Hierarchie bleibt der Diktator in absoluter Unabhängigkeit von jedem seiner Untergebenen und kann jederzeit die außerordentlich rapiden und überraschenden Wendungen seiner Politik vornehmen.« Übersetzt man Führer (oder Diktator) mit Unternehmer und Politik mit Unternehmenszielen, dann erhält man die ziemlich genaue Charakteristik einer Firma, die sich nach Maßgabe des Shareholder-Values flexibel am Markt, das heißt sprunghaft, ungebunden und ohne jede Rücksicht auf Mitarbeiter und Kunden, bewegen kann.

Mit dieser vielleicht unheimlichsten, nämlich inneren Veränderung, die den neuen Kapitalismus selbst an seinen Produktionsstätten in die Nähe totalitärer Bewegungen bringt, kann unsere Zusammenschau wohl ihr Ende haben. Die Parallelen sind evident. Sie werfen allerdings die Frage auf, warum der Kapitalismus, der in seiner bisherigen Geschichte nahezu ohne Einschüchterung und ideologische Heilsversprechungen auskam, auf seiner letzten Wegstrecke die Zuflucht zu groben Propagandalügen und utopischen Programmen suchen musste.

Manche datieren den Umschwung auf das Jahr 1989 und das Ende des sozialistischen Herausforderers, der den Kapitalismus über Jahrzehnte gezwungen hatte, ein menschliches Antlitz aufzusetzen. Hat er also nun die Maske abgeworfen? Mit derselben Berechtigung ließe sich sagen, er habe erst jetzt die grimmige Maske aufgesetzt. Das wäre dann aber nicht 1989 geschehen, sondern mit dem Zusammenbruch der Neuen Märkte 2000 und dem Angriff des islamischen Fundamentalismus auf das World Trade Center, also in dem Moment, in dem offenbar wurde, dass der Kapitalismus auch untergehen könnte, jedenfalls Feinde hat, innere wie äußere, denen mit gutem Zureden nicht beizukommen ist. Es wäre nicht das erste imperiale System in der Geschichte, das im Moment seiner Bedrohung bös' und zu einer Gefahr für die zivilisierte Menschheit wurde.

Autoren

JURI ANDRUCHOWYTSCH wurde 1960 in der Westukraine geboren. Er studierte in Lemberg, Moskau und den USA. Mit seinen Romanen »Rekreacij« (1992), »Moskoviada« (1993) und »Perverzija« (1999) avancierte er zum gefeierten (und umstrittenen) Protagonisten der ukrainischen Gegenwartsliteratur. Auf Deutsch liegen von ihm die Essaysammlung »Das letzte Territorium« und der Roman »Zwölf Ringe« vor. Beide sind im Suhrkamp Verlag erschienen.

CAMILLE DE TOLEDO, 1976 geboren, stammt aus einer französischen Großindustriellenfamilie, zu deren Besitz auch der Lebensmittelkonzern Danone zählt. Er schlug das Erbe aus und arbeitete nach seinem Studium als Autor, Regisseur und Fotograf und drehte Filme über die Antiglobalisierungsbewegung. Sein Beitrag »Tango de Olvido« lief 2002 bei den Filmfestspielen von Cannes. Im September erscheint im Berliner Tropen-Verlag sein Buch »Goodbye Tristesse – Bekenntnisse eines unbequemen Zeitgenossen«.

Der indische Schriftsteller AMITAV GHOSH wurde mit seinem Epos »Der Glaspalast« weltberühmt. Zuletzt erschien im Blessing Verlag »Hunger der Gezeiten«.

ERNST-WILHELM HÄNDLER ist eine Ausnahmeerscheinung in der deutschen Literatur: Der 53-Jährige ist Schriftsteller und Unternehmer. Er studierte Philosophie, Wissenschaftstheorie, Betriebs- und Volkswirtschaft. Er hat mehrere Erzählungen und Romane veröffentlicht, zuletzt »Die Frau des Schriftstellers«.

Die israelische Soziologin EVA ILLOUZ lehrt an der Hebrew University Jerusalem. International bekannt wurde sie mit ihrem Buch »Der Konsum der Romantik« (Leske und Budrich Verlag 2003).

JENS JESSEN wurde 1955 in Berlin geboren. Er war von 1984 bis 1988 Verlagslektor in Stuttgart und Zürich, bis 1996 Feuilletonredakteur der FAZ, danach Feuilletonchef der Berliner Zeitung und ist seit dem Jahr 2000 Leiter des Feuilletons der ZEIT.

ROBERT MENASSE lebt in Wien und ist einer der wichtigsten Schriftsteller Österreichs. Demnächst erscheint von ihm im Suhrkamp Verlag die Essay-Sammlung »Das war Österreich«.

LUDGER LÜTKEHAUS ist Publizist und Professor für Neuere deutsche Literaturwissenschaft an der Universität Freiburg; er war Max Kade Distinguished Visiting Professor an der University of Wisconsin-Madison und ist Mitglied des PEN-Zentrums.

Der Ökonom JEREMY RIFKIN ist Berater von Romano Prodi und anderen Politikern. Er ist Autor des Buches »Der europäische Traum: Die Vision einer leisen Supermacht« (Campus Verlag).

Der amerikanische Soziologe RICHARD SENNETT lehrt an der London School of Economics. Von ihm erschien zuletzt im Berlin Verlag »Die Kultur des neuen Kapitalismus«.

CHARLES TAYLOR, einer der bedeutendsten Philosophen der Gegenwart, ist Professor emeritus für Philosophie an der McGill-Universität, Montreal/Kanada. Zu seinen Hauptwerken gehört die Studie »Quellen des Selbst« (Suhrkamp Verlag).

Umwelthinweis:
Dieses Buch und der Schutzumschlag
wurden auf chlorfrei gebleichtem Papier gedruckt.
Die Einschrumpffolie (zum Schutz vor
Verschmutzung) ist aus umweltschonender
und recyclingfähiger PE-Folie.

1. Auflage
August 2006

Umschlaggestaltung: Büro Jorge Schmidt, München
Satz: DTP im Verlag
Druck und Bindung: GGP Media GmbH, Pößneck
Printed in Germany
ISBN 10: 3-570-55003-6
ISBN 13: 978-3-570-55003-8

www.pantheon-verlag.de